Große Bibel kleines Ich

Präsentiert von
Agnes und Salem
de BEZENAC

Geschichten aus dem Alten Testament

Gott erschafft die Welt (Schöpfung) 07
Die erste Sünde (Adam und Eva) 11
Gott nachfolgen (Die Arche Noah) 15
Der große Turm (Turmbau zu Babel)..19
Abraham verlässt sich auf Gott 23
Auf ein Baby warten (Abraham und Sara) 27
Eine Frau für Isaak (Rebekka) 31
Jakob betrügt (Jakob und Esau) 35
Ein besonderer Traum (Jakob) 39
Ein bunter Rock (Josef) 43
Eine helfende Schwester (Miriam) 47
Das Meer durchwandern (Mose) 51
Gottes zehn Gebote (Mose) 55
Eine laute Schlacht (Josua) 59
Eine Frau zieht in die Schlacht (Debora) 63
Eine verrückte Idee (Gideon) 67
Der stärkste Mann auf Erden (Samson) 71
Getreide sammeln (Rut) 75
Gott loben (Hanna) 79
Aufmerksam zuhören (Samuel) 83
Ein Schäferjunge (David) 87
Einen Riesen besiegen (David und Goliat) 91
Lieder für Gott (König David) 95
Ein sehr kluger König (Salomo) 99
Ein Tempel für Gott (Salomo) 103
Essen vom Himmel (Elija) 107
Eine Witwe in Not (Elija) 111
Siebenmal baden (Naaman) 115
Ein ganz kleiner König (Joasch) 119
Drei mutige Männer (Feuerofen) 123
Von Löwen umzingelt (Daniel) 127
Die Stadtmauern neu aufbauen (Nehemia) 131
Königliche Schönheit (Ester) 135
Im Bauch des Fisches (Jona) 139

Geschichten aus dem Neuen Testament

Der König ist geboren 143
Königliche Geschenke (Die Weisen) 147
Im Tempel 151
Von Jesus reden (Johannes der Täufer) 155
Jesus wählt seine Jünger 159
Zeit mit Jesus verbringen 163
Wasser wird zu Wein 167
Jesus stillt den Sturm 171
Jesus der Arzt (Kleines Mädchen wieder lebendig) 175
Ist das ein Vogel? (Heilung eines Blinden) 179
Wiedergefunden (Gleichnis vom verlorenen Schaf) 183
Freunde helfen einander (Der Gelähmte) 187
Ein Junge teilt sein Essen 191
Erst zuhören, dann handeln (Maria und Marta) 195
Ein verletzter Reisender (Der barmherzige Samariter) 199
Der Partylöwe (Der verlorene Sohn) 203
Eine dankbare Rückkehr 207
Ein veränderter Mann (Zachäus) 211
Nach Jerusalem 215
Nicht nur ein Snack (Abendmahl) 219
Jesus am Kreuz 223
Er ist auferstanden 227
Jesus fährt in den Himmel auf 231
Feuerflammen (Der heilige Geist) 235
Die Gute Nachricht 239
Der kommende Himmel (Die Visionen des Johannes) 243

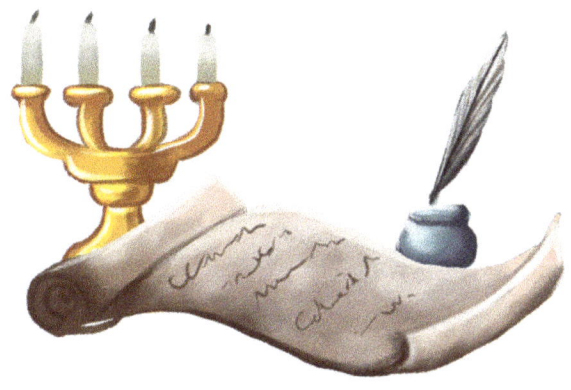

Über dieses Buch:

Egal, wie Sie Ihre Kinder erziehen,
sie werden glücklicher und erfolgreicher sein,
wenn sie Werte, Tugenden und Lebensweisheiten
aus Gottes Wort lernen.

„Denn jede Schrift, die von Gottes Geist eingegeben wurde, ist nützlich für die Unterweisung im Glauben, für die Zurechtweisung und Besserung der Irrenden, für die Erziehung zu einem Leben, das Gott gefällt." (2. Timotheus 3,16)

Hinweis an Eltern und Erziehende:

Diese Bibelgeschichten sollen den Kindern helfen,
wichtige moralische Charakterzüge anzunehmen
und zu erkennen, wie Gott sich ihnen offenbart.

Jede Geschichte konzentriert sich nur auf ein Thema,
da wir sehr viele verschiedene Charakterzüge abbilden wollten.
Im Gespräch mit Ihren Kindern werden Sie
entsprechend deren Alter noch tiefer
in die Bibelgeschichten einsteigen.

SORGFALT

Gott erschafft die Welt

(1. Mose 1,1)

Am Anfang gab es nichts außer Gott. Es gab keine Sonne, keine Tiere zum Knuddeln und keine duftenden Blumen. Es gab noch nicht einmal Menschen wie dich und mich.

Also erschuf Gott die Erde und füllte sie mit prächtigen Pflanzen, interessanten Tieren und zwei wunderbaren Menschen.

„Fertig", sagte Gott. „So gefällt es mir. Jetzt kann man sich daran erfreuen."

Wenn wir uns alles anschauen auf der Erde, vom größten Berg bis hin zur kleinsten Ameise, dann ist es erstaunlich, wie wunderbar Gott jedes Detail erschaffen hat und wie sorgfältig er war.

Sorgfalt

Sorgfalt bedeutet, eine Aufgabe bis zum Ende gut zu machen. Ich war vorsichtig und gründlich und hatte sogar Spaß dabei!

Im täglichen Leben

Meine Schöpfungen

Wenn ich Kekse backe, mische ich die richtigen Zutaten und bringe die Kekse in Form.

Nach dem Backen verziere ich die Kekse mit Glasur, Zuckerperlen und Nüssen.

Gott hatte so viele Ideen, wie er seine Geschöpfe schmückte. Er malte Streifen auf Zebras und Punkte auf Marienkäfer.

Bevor ich meine Kekskreationen genieße, räume ich auf und wische alles sauber.

SELBSTBEHERRSCHUNG

Die erste Sünde

(1. Mose 3,6)

Die ersten Menschen, die Gott geschaffen hatte, hießen Adam und Eva. Gott sagte: „Ich habe alles hier geschaffen, damit ihr euch daran erfreuen könnt: Hunde und Katzen, Löwen und Bären, selbst Früchte wie Äpfel und Granatäpfel. Und natürlich das Gemüse." Sie durften von jedem Baum im Garten essen, außer von einem.

Es war schön im Garten und Gott hatte alles sehr gut gemacht. Aber eines Tages kam der Teufel zu Adam und Eva geschlichen und sagte: „Die verbotene Frucht von diesem Baum hier ist köstlich. Ihr wisst nicht, was ihr verpasst." Sie sah wirklich verlockend aus und Adam und Eva kamen in Versuchung. „Nur ein kleiner Biss", dachten sie. Mampf! Schluck!

Oh je! Das war eine sehr schlechte Entscheidung und diese erste Sünde trennte sie von Gott.

Selbstbeherrschung

Ich beherrsche mich selbst,
wenn ich etwas tun möchte,
das ich nicht tun sollte.
Ich drehe mich um und gehe weg,
bevor ich etwas Falsches sage oder tue.

Im täglichen Leben

Schwierige Situationen

Aua! Ich habe zu viel Süßes gegessen. Jetzt tut mein Bauch weh.

Oh nein! Ich habe mein ganzes Geld ausgegeben und kann jetzt meinem Freund kein Geburtstagsgeschenk kaufen.

Es ist nicht einfach, mich in diesen Situationen zu beherrschen.

Also bitte ich Gott, dass er mir hilft, richtig zu handeln.

GEHORSAM

Gott nachfolgen

(1. Mose 6,13-22)

Viele Jahre später hatten fast alle Menschen vergessen, dass es Gott gab, und sie waren böse zueinander. Gott fand aber einen Menschen, der ihm gern gehorchte. Er hieß Noah. „Ich möchte diese Welt mit einer großen Wasserflut reinwaschen", sagte Gott zu Noah. „Dafür brauchen wir eine Arche, also ein ganz großes Boot."

„Was ist eine Arche?", fragte Noah. „Soll sie rund wie ein Ballon sein oder eckig wie eine Box?" Wenn sie zu schwer wäre oder eine undichte Stelle hätte, wäre sie gesunken. Wenn sie zu leicht gewesen wäre, wäre sie auseinandergefallen. Also gab Gott Noah eine genaue Anleitung für den Bau der Arche. So war sie stark und groß genug, um Noahs Familie, jeweils zwei Tiere von jeder Tierart und ganz viele Essensvorräte für die Reise aufzunehmen.

Sie wurden vor der Flut gerettet, weil Noah genau das tat, was Gott ihm gesagt hatte.

Gehorsam

Gehorsam bedeutet, das zu tun, was mir gesagt wurde, auch wenn keiner zuschaut.

Im täglichen Leben

Mein neues Spielzeug

Meine neue Legobox! Juhuu!
Aber so eine lange Anleitung?
Dafür habe ich keine Zeit.

Später: Das sieht komisch aus.
Ich fange besser von vorn an
und folge der Anleitung.

Es war wichtig, genau der Anleitung zu folgen, denn sie half mir,
alles richtig zu machen. Auf zu meinem nächsten Bauprojekt...

DEMUT

Der große Turm

(1. Mose 11,1-9)

„Lasst uns aus Ziegelsteinen und Balken einen ganz großen Turm bauen! So zeigen wir, wie stark wir sind", planten die Leute. „Bringt die Steine hierher und legt die Stangen dorthin", sagten sie zueinander.

Je höher der Turm wurde, desto stolzer wurden die Menschen. „Dieser Turm wird allen zeigen, wie brilliant wir sind", prahlten sie. „Wir brauchen Gott gar nicht mehr."

Das war nicht gut und Gott gefiel das überhaupt nicht. Also brachte er ihre Worte durcheinander. Sie redeten nun in verschiedenen Sprachen und konnten einander nicht mehr verstehen. „Kikakoku plapper quassel", redeten sie völlig verwirrt und durcheinander.

So funktionierte nichts mehr. Als die Menschen nicht mehr demütig waren, konnte Gott ihr Vorhaben nicht segnen. Krach! Da fiel der Turm in sich zusammen.

Demut

Ich weiß, dass ich allein
nicht alles schaffe, sondern Hilfe brauche.
Gott ist mächtig und stark.
Mit seiner Hilfe kann ich es schaffen.

Im täglichen Leben

Beim Tanztraining

„Ich kann es am besten! Ich brauche deine Vorschläge nicht." Upps!
Sie setzt ihren eigenen Willen durch und missachtet Gottes Plan.

„Es tut mir leid, deine Idee war doch gut. Versuchen wir es mal!"
Gott liebt Demut: andere an erste Stelle zu stellen und sich nicht aufzublasen.

SICH AUF GOTT VERLASSEN

Abraham vertraut Gott

(1. Mose 11,31–12,9)

Eines Tages sprach Gott zu Abraham und sagte: „Geh weg aus deiner Heimat. Ich werde dir ein neues Land zeigen, in das du ziehen sollst. Folge mir einfach." Also packte Abraham seine Sachen und begab sich mit seiner ganzen Familie auf diese geheimnisvolle Reise und folgte Gott Schritt für Schritt.

Es war nicht leicht für Abraham, so weit weg zu reisen. Es gab noch keine Autos und Züge. Also musste er laufen und alles selbst tragen.

„Ich weiß nicht einmal, wo wir hinkommen werden. Es ist wie mit verbundenen Augen zu laufen. Aber ich weiß, dass ich mich auf Gott verlassen kann", dachte Abraham. „Wir sind da", sagte Gott. Abraham sah sich um und es gefiel ihm. Dieser Ort war viel besser als der letzte. Abraham baute einen Altar, um Gott für seine Führung zu danken. Sich auf Gott zu verlassen lohnt sich immer.

Sich auf Gott verlassen

Ich verlasse mich auf Gott,
wenn ich ihm auf seinem Weg nachfolge.
Ich weiß, er sorgt gut für mich
und gibt mir, was ich brauche.

Im täglichen Leben

Veränderungen

Unser Leben ist voller Veränderungen: Wir ziehen um und ich muss neue Freunde finden.

Oh nein, wir haben unseren Flug verpasst! Was wird nun aus unserem Urlaub?

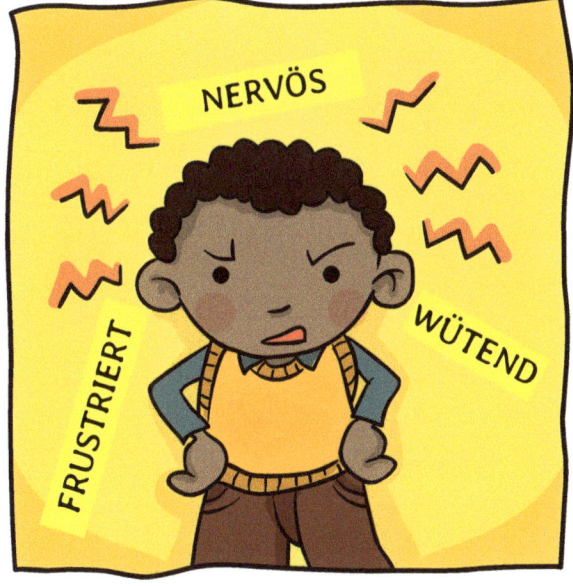

Mein Freund ist krank geworden und kann jetzt nicht bei mir übernachten. Ich bin sehr traurig.

Aber ich kann mich immer auf Gott verlassen. Er lässt mich nie im Stich und bricht nie ein Versprechen.

Vertraue auf den Herrn! Sei stark und mutig, vertraue auf den Herrn!

(Psalm 27,14)

GEDULD

Auf ein Baby warten

(1. Mose 15-17)

Abraham und seine Frau Sara hatten viele Jahre dafür gebetet, dass sie ein Baby bekommen. Gott versprach ihnen eine große Familie, aber nun waren sie zu alt. „Hat Gott uns vergessen oder seine Meinung geändert?", fragten sie sich.

Abraham wurde jedoch nicht ungeduldig und sagte: „Großer Gott! Jetzt wird es aber Zeit, dass du dein Versprechen einlöst! Warum hast du uns noch keinen Sohn geschenkt?" Er wartete wieder Jahre auf Gottes Antwort.

Als Abraham 99 Jahre alt war, sagte Gott endlich: „JETZT ist die Zeit gekommen und du wirst ein Baby bekommen." Abraham und Sara nannten ihren Sohn „Isaak", das bedeutet „Lachen". Sie waren so glücklich über ihr kleines Wunder. Sie sangen ihm vor, kuschelten mit ihm und erzählten ihm von Gottes Güte.

Geduld

Geduld haben heißt,
auf Dinge zu warten,
die ich eigentlich gleich haben will.
Ich bleibe froh und vertraue darauf,
dass es gut werden wird.

Im täglichen Leben

Mein Gartenabenteuer

Wenn ich einen Samen einpflanze, dann wächst er nicht in einer Stunde oder in einem Tag zu einer Pflanze heran.

Und ich kann keine Fernbedienung nehmen oder an der Pflanze ziehen, damit sie schneller wächst.

Gott braucht seine Zeit, um der Blume eine schöne Blüte zu schenken...

... und es braucht Geduld, damit mein Charakter auch wunderschön wird.

Lass uns Gutes tun, reich werden an guten Werken, gerne geben, und behilflich sein.

(1. Timotheus 6,18)

DEN ANFANG MACHEN

Eine Frau für Isaak

(1. Mose 24)

Abraham sagte zu seinem Sohn: „Isaak, es wird Zeit, dass du heiratest! Aber die richtige Frau ist nicht hier. Ich werde meinen Diener in ein Land schicken, wo es viele schöne Frauen gibt." Als der Diener dort ankam, dachte er: „Oh je! Das ist schwierig. Woher soll ich wissen, wer die Richtige ist?"

Ein Mädchen namens Rebekka kam zum Brunnen, um ihre Wasserkrüge zu füllen. „Möchtest du etwas zu trinken? Soll ich auch deinen Kamelen etwas zu trinken geben?", fragte sie. „Ja! Sie muss die Richtige für Isaak sein", dachte der Diener.

Rebekka gab ihm zu trinken und füllte einen Wasserkrug nach dem anderen für die Kamele. Das war viel Arbeit, denn Kamele trinken sehr viel Wasser. Sie sah, was getan werden musste und handelte.

Den Anfang machen

Ich erledige Dinge,
die getan werden müssen,
auch ohne gefragt zu werden.
Ich finde schnell Möglichkeiten,
um anderen zu helfen.

Im täglichen Leben

Ich bin hungrig

Mein Magen knurrt ganz schön nach der Schule.

Papa ist auf Arbeit und Mama hat viel zu tun. Das könnte noch lange dauern, bis ich etwas essen kann.

Ich weiß! Ich kann mir selbst etwas zu essen machen.
Das heißt Initiative ergreifen.

EHRLICHKEIT

Jakob betrügt

(1. Mose 25, 27)

Als Isaak alt war und nicht mehr gut sehen konnte, rief er seinen ältesten Sohn. „Esau! Ich möchte dich segnen und dir alles geben, was ich besitze. Aber bereite mir erst etwas zu essen zu." Also ging Esau auf die Jagd.

Als er weg war, trickste ihn sein jüngerer Bruder Jakob aus. Er verstellte seine Stimme und hüllte seine Arme in Fell, damit er sich wie sein Bruder anfühlte.

Jakob brachte eine Mahlzeit zu seinem Vater und sagte: „Ich bin zurück. Du kannst mich jetzt segnen." Isaak gab Jakob den Segen, der doch für den älteren Sohn bestimmt war. Esau kam heim und merkte, dass Jakob gelogen, getrickst und den Segen gestohlen hatte. „Ich bin wütend", schrie Esau. „Ich habe ganz viel Angst", sagte Jakob und floh in ein anderes Land. Seine Lüge hatte ihn in eine schwierige Situation gebracht.

Ehrlichkeit

Ich sage und tue,
was wahr und richtig ist.
Ehrlichkeit gefällt Gott.

Im täglichen Leben

Leckere Kekse?

Das müssen Mamas neue Kekse sein. Sie sehen lecker aus.

Ich möchte welche haben. Aber auf dem Schild steht: „Nicht essen!"

Mama soll mir vertrauen können, also lass ich die Kekse in Ruhe.

Später sagt Mama zu Rex: „Hier Rex, deine Hundekekse."

ERMUTIGUNG

Ein besonderer Traum

(1. Mose 28,10-22)

Jakob lief bis ihm seine Füße weh taten. „Es wird dunkel und ich brauche einen Ort, wo ich schlafen kann. Diesen Stein kann ich als Kissen nehmen."

Als Jakob schlief, gab Gott ihm einen Traum. Er träumte, wie Engel auf einer Leiter auf- und abstiegen und die Leiter reichte bis in den Himmel. Gott ermutigte ihn und sagte: „Ich passe auf dich auf, Jakob, und ich werde dich trotzdem noch segnen."

Jakob wachte auf und sagte: „Gott ist bei mir, auch wenn ich es nicht merke!" Er nahm den Stein, den er als Kissen genommen hatte, und stellte ihn auf als Erinnerung an Gottes Liebe und Fürsorge, selbst nachdem er seinen Bruder ausgetrickst hatte.

Ermutigung

Gott tröstet mich und hilft mir,
wenn ich traurig bin.
Mit einem lieben Wort
oder einer guten Tat
kann ich auch anderen helfen,
sich besser zu fühlen.

Im täglichen Leben

Mir ist ein Fehler passiert

Oh nein, ich habe den Toast verbrannt! Mamas Überraschungsfrühstück ist ruiniert.

Mama umarmt mich. „Die Eier sind lecker. Du hast dir sehr viel Mühe gegeben."

„Es tut mir leid, Papa. Ich weiß, ich soll nicht im Haus rennen." Papa hat mich trotzdem lieb und sagt: „Ich helfe dir beim Saubermachen und dann rennen wir draußen eine Runde."

SICH VERGLEICHEN

Ein bunter Rock

(1. Mose 37+41)

Jakob hatte zwölf Söhne, aber er mochte Josef am meisten. Er schenkte ihm ein buntes Gewand, in dem er sehr vornehm aussah. „Warum hat er ein neues Gewand bekommen und wir nicht? Das ist unfair!", beschwerten sich seine Brüder.

Sie verglichen ihre Sachen mit denen von Josef und sie wurden neidisch. „Wir halten das nicht mehr aus! Fesseln wir ihn und verkaufen ihn als Sklaven."

Viele Jahre später und nach vielen Schwierigkeiten wurde Josef der Herrscher von Ägypten. Er hatte die wichtige Aufgabe, für die kommende Dürre und Hungersnot Vorräte anzulegen.

Kurze Zeit später kamen Josefs Brüder ganz hungrig nach Ägypten, um Nahrung zu kaufen. Dort sahen sie Josef und obwohl er viel mehr als sie besaß, war das nicht mehr wichtig. Josefs Liebe und Vergebung war viel mehr wert als alles, was sie hätten beneiden können.

Sich mit anderen vergleichen

Wenn ich mich mit anderen vergleiche,
werde ich nur unzufrieden.
Also freue ich mich
an den einfachen Dingen,
auch wenn ich nur wenig habe.

Im täglichen Leben

Aber ich habe nur…

Mein Bruder hat ein großes, neues Fahrrad bekommen. Und ich habe nur diesen alten Wagen hier.

Heul! Das ist ungerecht. Ich will auch ein Fahrrad haben!

Mein Bruder hat ein großes, neues Fahrrad bekommen. Und was kann ich mit meinem kleinen Wagen machen?

Juhuu! Ich habe meine eigene Pferdekutsche!

Wer im Geringsten treu ist,
der ist auch im Großen treu.

(Lukas 16,10)

VERANTWORTUNG

Eine helfende Schwester

(2. Mose 1,1 und 2,1-10)

Der neue Herrscher von Ägypten machte sich Sorgen, dass Gottes Volk stärker werden könnte als sein eigenes Volk. „Werft alle neugeborenen Jungen in den Fluss!", sagte er. Das war verrückt! Also versuchten viele Mütter, ihre Kinder zu verstecken, damit die Soldaten des Pharao sie nicht finden konnten.

Eine Mutter hatte die tolle Idee, ihr Kind in einem schwimmenden Korb zu verstecken. „Ich passe auf meinen kleinen Bruder auf", sagte Miriam. Sie ließ sich nicht ablenken, sondern war eine verantwortliche Schwester für ihren kleinen Bruder. Sie versteckte sich im Schilf und sah aus der Ferne zu, wie die Wellen den Korb auf und ab wiegten. Doch das Baby wachte auf und schrie „Waah." „Was ist das?", fragte die Prinzessin, die dort badete. „Weine nicht, du bist sicher bei mir. Ich werde dich Mose nennen." Dann kam Miriam herbei und fragte: „Entschuldigung. Brauchen Sie einen Babysitter? Ich kenne den besten." Und sie rannte los, um ihre Mutter zu holen.

Verantwortung

Ich tue, was von mir erwartet wird
und zwar so gut ich kann.
So werd ich groß und später mal
eine Frau oder ein Mann.

Im täglichen Leben

Zähne putzen

Putze, putze, putze!

Nun blitzen sie vor Sauberkeit.

Wir putzen unsere Zähne ohne daran erinnert zu werden.
So lernen wir Verantwortung.

Denn bei Gott ist kein Ding unmöglich.

(Lukas 1,37)

ZUVERSICHT

Das Meer durchwandern

(2. Mose 13-15)

Als Mose ein Mann wurde, sprach Gott zu ihm. „Die Israeliten werden schlecht behandelt in Ägypten. Du sollst sie von dort herausführen!" Aber Mose hatte Angst und sagte: „Was soll ich dem Pharao sagen? Er wird das nicht wollen." Gott versicherte Mose: „Vertrau mir. Ich werde dir die richtigen Worte geben".

Wie Mose gedacht hatte, wollte der Pharao das Volk nicht gehen lassen. „Nein! Ich muss dir nicht zuhören! Ich herrsche hier!" Gott ließ es zu, dass schlimme Dinge passierten, bis der Pharao seine Meinung änderte. Doch später... „Wir sind frei. Gehen wir!", sagten die Israeliten. „Aber das Rote Meer liegt vor uns und die Ägypter jagen uns nach. Das gibt Ärger!" „Macht euch keine Sorgen!", rief Mose. „Gott wird uns retten."

Plitscher plätscher! Mit einem mächtigen Wind blies Gott das Wasser weg und bahnte einen Weg durch das Meer. Die Israeliten kamen sicher und trocken zur anderen Seite.

Zuversicht

Ich kann auf Gott vertrauen
und mich auf ihn verlassen.
Ich weiß, dass Gott mir hilft
und werde nichts verpassen.

Im täglichen Leben

Ich kann Gott vertrauen

Ich habe kein Rotes Meer vor mir, aber ich habe andere Schwierigkeiten.

Welches Waschmittel sollte ich gleich nehmen?

Mit so viel neuer Verantwortung vertraue ich, dass Gott mir hilft. Und je öfter ich was mache, um so besser werde ich.

Recht und Gerechtigkeit

Gottes zehn Gebote

(2. Mose 19, 20)

Weil so viele Menschen gemeinsam unterwegs waren, brauchte Mose hilfreiche Ratschläge, damit sie alle gut miteinander auskamen.

Mose stieg auf einen hohen Berg, um dort Gott zu treffen. Gott sagte: „Ich liebe mein Volk und ich habe hier ein paar Regeln, die das Zusammenleben einfacher machen." Also gab er ihnen die zehn Gebote.

„Aber wir wollen das tun, was uns gefällt", sagten die Menschen. „Das gibt ein großes Durcheinander", warnte Mose. „Gottes Gebote zeigen uns, was wir tun und lassen sollen, damit wir glücklich und in Frieden miteinander leben können."

Die Menschen dachten darüber nach und sagten: „Wir lieben Gott und wir wollen das tun, was richtig ist."

Recht und Gerechtigkeit

Ich liebe die Regeln,
weil sie gut für mich sind.
So werde ich ein liebendes
und gerechtes Kind.

Im täglichen Leben

Zu meinem eigenen Besten

Hier sind die zehn Gebote, die Gott uns gab: Liebe Gott und gehorche ihm.

Bete keine falschen Götter an.
Nenne Gottes Namen mit Achtung.
Ruhe dich einen Tag in der Woche aus.

Gehorche deinen Eltern.
Tue anderen nicht weh.
Eheleute sollen sich nicht betrügen.

Stehle nicht.
Sage immer die Wahrheit.
Sei glücklich mit dem, was du hast.

BEREITWILLIGKEIT

Eine laute Schlacht

(Josua 5, 6)

In dem Land, das Gott den Israeliten versprochen hatte, gab es eine Stadt namens Jericho.

„Ich habe einen Plan für euch. Ihr sollt Jericho erobern", sagte Gott zu Josua, dem neuen Anführer des Volkes. „Marschiert ganz leise sieben Tage lang um die Stadtmauern. Am siebten Tag marschiert ihr dann sieben Mal um die Stadt und macht so viel Krach wie ihr könnt."

Das klang ziemlich verrückt. Wie sollte man so eine Schlacht schlagen können?
Aber Josua gehorchte bereitwillig Gottes Plan. Er sagte dem Volk: „Gott will nicht, dass wir kämpfen. Wir sollen das tun, was Gott will."

Lärm, krach, bumm; die Mauern fielen um. Nun konnten die Israeliten Jericho im Sturm erobern. Diese Geschichte zeigt uns, dass Gottes Plan immer richtig ist.

Bereitwilligkeit

Ich gehorche bereitwillig,
auch wenn ich nicht gleich verstehe,
warum ich es tun soll.
Ich verstehe es später
und das ist toll.

Im täglichen Leben

Ich tue es trotzdem

Papa sagte: „Bitte kämme deine Haare und ziehe dich um."

Komisch! Es ist doch eigentlich Zeit für das Abendbrot.

Aber ich habe trotzdem gemacht, was Papa wollte. Ich wusste ja nicht...

... dass wir in der Pizzeria essen!

DIENEN

Eine Frau zieht in die Schlacht

(Richter 4-5)

Debora war Richterin und die Menschen kamen mit ihren Problemen zu ihr. „Er hat meine Ziege gestohlen!" „Aber sie hat meine Katze weggenommen!" Debora half ihnen, Lösungen für ihre Probleme zu finden.

Sie half auch denen, die in Not waren. Eine Mutter trug eine schwere Last: „Komm, ich helfe dir mit deinen Wasserkrügen", sagte Debora. Ein alter Mann humpelte vorbei. „Hier, du kannst auf meinem Esel reiten."

Eines Tages gab es Schwierigkeiten: Feinde griffen die Israeliten an und nahmen ihre Essensvorräte und ihre Tiere weg. Gott wählte Debora aus, um die israelitische Armee anzuführen. Sie dachte darüber nach: „Eigentlich machen Frauen so etwas nicht, aber ich will Gottes Volk gern dienen."

Mit Gottes Hilfe siegten sie und sie sangen alle ein Danklied.

Wenn ich jemand in Not sehe,
helfe ich sofort.
Kann ich irgendwem dienen,
bin ich gleich dort.

Dienen

Im täglichen Leben

Unser geheimer Dienst

Wir schauen uns um, ob wir jemandem helfen oder dienen können.
Schau, da! Die Frau braucht Hilfe mit ihrem Einkauf!

Wir haben die Bettdecke von Mama und Papa glatt gestrichen
und eine geheime Nachricht unter das Kissen gesteckt.

Alles kann ich durch Christus, der mir Kraft und Stärke gibt.

(Philipper 4,13)

FLEXIBEL SEIN

Eine verrückte Idee

(Richter 6-7)

„Gott wird euch helfen, eure Feinde zu vertreiben, die schon wieder von allen die Vorräte stehlen." Diese Botschaft erhielt Gideon eines Tages von Gott. „Ich bin kein großer und starker Held. Ich bin nur ein Bauer", dachte Gideon. Aber er war bereit, Gott zu gehorchen.

Er zog sich Kampfkleidung an und sammelte tausende Männer um sich. Doch Gott sagte: „Nimm nur 300 Mann, und statt Schwerter und Speere sollst du Trompeten, Fackeln und Tonkrüge mitnehmen!"

Das klang völlig verrückt, aber Gideon war flexibel und änderte seinen Plan, um Gottes Plan zu folgen. In dieser Nacht bliesen sie die Trompeten, zerschlugen die Tonkrüge und machten einen riesigen Krach und Lärm. Ihre Feinde wachten auf vor Schreck und rannten weg, und zwar den ganzen Weg zurück in ihr eigenes Land.

Alle dankten Gott, dass er ihnen Frieden gebracht hatte. Sie erkannten, dass er für den Sieg verantwortlich war und nicht der Lärm.

Flexibel sein

Ich bin flexibel
meine Pläne zu ändern.
Gehen oder bleiben,
ich bin bereit für beides
ohne mich zu ärgern.

Im täglichen Leben

Was soll ich tun?

Schade! Die Pläne haben sich geändert und ich kann am Wochenende nicht mit meinen Freunden zelten gehen.

Ich könnte weinen und den Boden mit Tränen überschwemmen...

... oder ich stelle mich auf die neue Situation ein und finde stattdessen etwas anderes zum Spielen.

ENTSCHEIDUNGEN

Der stärkste Mann der Welt

(Richter 13, 16)

Simson war der stärkste Mann, der jemals gelebt hat. Mit bloßen Händen kämpfte er mit einem Löwen als wäre er nur ein Kätzchen. Er zerriss die stärksten Seile und Ketten als wären sie aus Papier. Gott machte ihn so stark und mutig, damit er viel Gutes tun konnte.

Aber Simson nutzte seine Kraft nicht immer klug. Er entschied sich zum Beispiel, selbstsüchtige Menschen zu bekämpfen, anstatt ihnen von Gott zu erzählen.

Eines Tages traf Simson wieder eine falsche Entscheidung und diesmal verlor er seine Kraft. Jetzt war er schwach und brauchte wirklich Gottes Hilfe. „Es tut mir leid, Gott, ich habe Mist gebaut. Bitte schenke mir noch einmal große Kraft", betete Simson. Gott vergab ihm und Simson bekam Kraft für einen letzten Sieg.

Entscheidungen

Gott kann mir helfen,
das Richtige zu wählen.
Wenn ich seinem Rat folge,
muss ich mich nicht quälen.

Im täglichen Leben

Dies oder das?

Mit einem Freund spielen oder einem anderen helfen? Was soll ich tun?
Ich möchte Entscheidungen treffen, die Gott gefallen.

Und wenn es schwierig für mich ist, die richtige Entscheidung zu treffen,
dann bitte ich Gott, dass er mir Kraft dafür gibt.

TREUE

Getreide sammeln

(Rut)

„Wir sind eine Familie! Ich kann dich nicht allein reisen lassen", sagte Rut ihrer Schwiegermutter Noomi. „Wo du hingehst, da will ich auch hingehen; wo du bleibst, da bleibe ich auch." Es war eine lange Reise für die zwei.

Als sie schließlich ankamen, dachte Rut: „Wir sind hungrig, aber haben kaum Geld. Wo können wir etwas zu essen bekommen? Vielleicht kann ich für jemanden arbeiten." Doch sie entschied sich, die übriggebliebenen Getreidekörner auf dem Feld aufzulesen, die von der Ernte auf den Boden gefallen waren. Es war eine harte Arbeit in der heißen Sonne, aber sie sammelte den ganzen Tag.

Boas gehörte das Feld und er bemerkte, dass Rut treu in ihrer Fürsorge für Noomi war. Boas sah wie schön Rut war und verliebte sich in sie. Bald darauf heirateten sie.

Rut und Noomi waren nie wieder hungrig.

Treue

Man kann mir vertrauen,
das ist gar keine Frage.
Treu und zuverlässig
tue ich das, was ich sage.

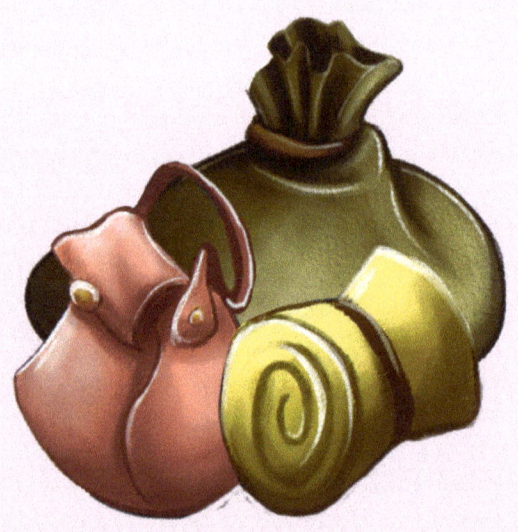

Im täglichen Leben

Gott ist treu

Ich versprach Papa, mit dem Laub zu helfen. Aber das scheint gar kein Ende zu nehmen.

Eigentlich will ich schon längst wieder spielen. Aber ich will auch mein Versprechen an Papa einhalten.

Gott hält auch seine Versprechen. Er ist treu und wird mich nie allein lassen.

„Hallo, das macht bestimmt Spaß. Kann ich dir helfen?"

Geht durch die Tempeltore mit einem Danklied,
betretet den Festplatz mit Lobgesang!

(Psalm 100,4)

GOTT LOBEN UND DANKEN

Gott loben

(1. Samuel 1, 2)

„Lieber Gott, ich bin so traurig, weil ich keine Kinder habe. Bitte schenke mir doch ein Baby", betete Hanna. Gott antwortete und erhörte ihr Gebet.

Ein Jahr später bekam sie einen süßen, kleinen Jungen und nannte ihn Samuel. Hanna dankte Gott jeden Tag für sein besonderes Geschenk. Als Samuel noch klein war, brachte Hanna ihn in den Tempel zum Priester Eli, damit Samuel dort lernen konnte, Gott zu dienen.

Hanna besuchte Samuel oft. Als er älter wurde, brachte sie ihm besondere Kleidung. „Hier ist eine neue Jacke für dich, mein Sohn!", sagte Hanna. „Danke, Mama. Die sieht gut aus", antwortete Samuel.

„Ich danke Gott, dass er dich mir geschenkt hat. Ich lobe ihn, dass er so gut zu uns ist", sagte Hanna.

Gott loben und danken

Ich lobe und preise Gott,
denn er wird für mich sorgen.
Dankbar bin ich ihm dafür
heute und morgen.

Im täglichen Leben

Täglicher Dank

Danke für diese Blumen! Sie werden in der Vase sehr schön aussehen.

Ich danke dir, Gott, für mein Essen. Es wird mir gut schmecken.

Du freust dich, wenn ein Freund dir für ein Geschenk dankt.
Gott liebt es, wenn wir ihm danken. Kannst du allen Segen aufzählen?

AUFMERKSAM SEIN

Aufmerksam zuhören

(1. Samuel 3, 1-19)

Der kleine Samuel war mit dem Priester Eli im Tempel und diente Gott.

Eines Nachts wachte Samuel auf, weil jemand seinen Namen gerufen hatte. Er rannte zu Eli: „Hier bin ich. Du hast mich gerufen!" Eli gähnte: „Ich habe dich gar nicht gerufen. Ich habe tief und fest geschlafen. Jetzt leg dich hin und schlafe weiter." Samuel schlief wieder ein, aber die Stimme rief ihn noch mehrmals und wieder lief Samuel zu Eli.

Eli verstand endlich, wer gerufen hatte und sagte zu Samuel: „Wenn du die Stimme wieder hörst, dann sage: ‚Rede, Herr, ich höre.'"

Gott sprach erneut und diesmal kniete Samuel sich hin und hörte der besonderen Botschaft Gottes zu.

Aufmerksam sein

Wenn jemand spricht,
höre ich zu ganz aufmerksam.
Ich lasse mich nicht ablenken,
bin konzentriert und wachsam.

Im täglichen Leben

Meine stille Zeit

Gott spricht zu mir durch seine Worte in der Bibel.

Ich habe einen ruhigen und stillen Platz, wo ich Zeit mit Gott verbringen kann.

Bei einem lauten Basketballspiel würde das nicht funktionieren, ich könnte Gott nicht hören.

Gott wartet, bis ich still bin und zuhöre.

FÜRSORGE

Ein Schäferjunge

(1. Samuel 16)

David war ein Schafhirte, der für seines Vaters Schafe sorgte. Er fütterte sie, führte sie auf die Weide, kämmte ihre Wolle und passte auf sie auf. David spielte auch gern auf der Harfe und sang Lieder für Gott.

Manchmal wurde er plötzlich beim Singen unterbrochen, weil in den Büschen Gefahr lauerte. „Nein, Wolf, du kommst hier nicht näher!", rief er laut. „Weg, du Löwe, diese Schafe bekommst du nicht zu fressen."

David verjagte die Raubtiere mit seiner Schleuder und er beschützte seine Herde. „Habt keine Angst, kleine Schafe. Ihr seid wieder sicher", tröstete er sie.

David sorgte für seine Schafe und Gott sorgte für David. „Gott ist mein Hirte, ich habe alles, was ich brauche", sang er.

Fürsorge

Gott liebt mich
und sorgt für mich.
Wenn wir ihn brauchen,
ist er da für dich und
mich.

Im täglichen Leben

Ich bin fürsorglich

Ich sorge für meinen Hund.
Er braucht viel Essen und Auslauf.

Ich helfe dabei, auf meine kleine Schwester aufzupassen. Ich zeige ihr, wie man den Löffel hält.

Ich sorge für meine Pflanzen.
Ich gieße sie und verjage die Käfer.

Gott liebt uns und
sorgt sehr gut für uns.

MUT

Einen Riesen besiegen (1. Samuel 17)

Goliat war ein Riese, der bis zur Zimmerdecke reichte. So groß war er. Er stieß sich oft an, also musste er einen Helm tragen. Naja, eigentlich trug er einen Helm, weil er zur Armee der Philister gehörte (das waren Israels Feinde). Goliat war so groß, dass alle Angst vor ihm hatten.

Jeden Tag fragte Goliat, ob jemand gegen ihn kämpfen möchte. „Ha! Ha! Alle Soldaten von Israel sind zu schwach und haben Angst! Ihr Gott kann gar kein Gott sein." David hörte den Riesen und fragte: „Warum macht er sich über Gott lustig? Ich stehe auf Gottes Seite und werde gegen den Riesen kämpfen!"

„Aber du bist nur ein kleiner Junge. Er ist viel größer und stärker als du. Du kannst nicht allein gegen ihn kämpfen!", sagte der König. „Das ist wahr. Allein kann ich es nicht", sagte David. „Aber mit Gottes Hilfe kann ich es!" David legte einen Stein in seine Schleuder und zielte. Goliat sah den kleinen David und lachte...SCHLAG! KRACH! BUMM! Goliat fiel um. Jetzt lachte er nicht mehr. Gott gab David Mut und half ihm, den Riesen mit einem glatten Stein zu besiegen.

Mut

Wenn ich Probleme habe
und Angst aufkommt,
stehe ich stark und mutig,
denn Gottes Hilfe kommt prompt.

Im täglichen Leben

Mutiges Handeln

Erst neulich sahen Mama und ich uns alte Zeitungen und Geschichtsbücher an, um Beispiele von Heldentaten zu finden.

Wir entdeckten, dass mutiges Handeln das Leben von anderen Menschen beeinflussen kann.

Es gibt noch so viele andere Möglichkeiten, wie ich mutig sein kann.

LOBPREIS

Lieder für Gott

(Psalm 145)

Spielst du gern ein Musikinstrument? Also David spielte gern auf der Harfe und er schrieb viele wunderbare Lieder, die wir heute noch singen. In einigen Liedern bat er Gott um Hilfe, in anderen Liedern entschuldigte er sich für seine Fehler. Aber die meisten Lieder schrieb David, um Gott zu loben und zu preisen.

David war inzwischen König geworden. Er saß auf seinem Balkon und bewunderte Gottes Schöpfung. Er sang: „Wenn ich den Himmel und das Werk deiner Hände sehe, wie du den Mond und die Sterne am Himmel platziert hast, dann staune ich wie groß und majestätisch du bist!"

Viele von Davids Liedern sind in den Psalmen zu finden. Hier ist noch ein Lied: „Ich werde allen erzählen, wie großartig du bist, mein Gott und König. Jeden Tag will ich dir danken. Du bist gut und jeder sollte erfahren, wie wunderbar du bist."

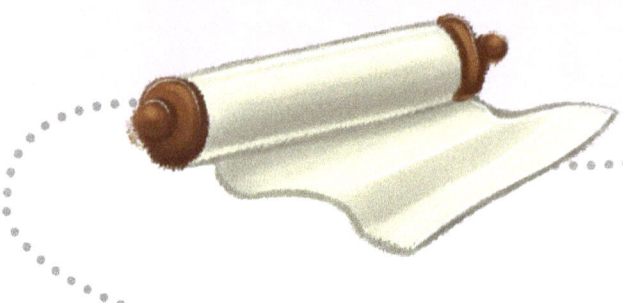

Lobpreis

Jeden Tag gehe ich
an einen stillen Ort.
Dann sing und lob und preise ich
Gott immerfort.

Im täglichen Leben

Wie ich anbeten kann

Wie ein König auf dem Thron kann ich in einem Sessel sitzen und Gott mit Liedern preisen.

Vielleicht singe ich nicht so gut, aber ich kann klatschen, tanzen und fröhlich sein.

Es gibt so viele Möglichkeiten, um Gott anzubeten, ihn zu loben und zu preisen. Fallen dir einige ein?

Den Menschen,
an denen Gott Gefallen hat,
gibt er Weisheit, Wissen und
Freude.

(Prediger 2,26a)

KLUGHEIT

Ein sehr kluger König

(1. Könige 3,3-15)

König Salomo wollte gut herrschen und dafür brauchte er Gottes Hilfe. Gott sagte: „Du kannst mich um alles bitten, was du möchtest." Salomo antwortete: „Gott, bitte schenke mir Weisheit, damit ich ein guter König sein kann."

Diese Bitte gefiel Gott, denn Salomo hätte auch viel Geld, tolle Klamotten oder einen schnellen Streitwagen erbitten können. „Du hast nach dem Besten gefragt", sagte Gott. „Und deshalb möchte ich dich mit Weisheit und mit Reichtum segnen." Salomo hörte auf Gottes Stimme und so wurde er sehr klug.

In der Bibel können wir viele weise Dinge finden, die Salomo im Buch der Sprüche aufgeschrieben hat. Hier ist ein Sprichwort: „Weisheit zu erlangen ist viel wertvoller als Silber und Gold." (Sprüche 16,16)

Salomo wusste, wovon er sprach, denn er hatte sehr viel Gold. Aber auf Gott hören und klug zu werden, war ihm wichtiger.

Klugheit

Ich bitte um Hilfe, um die richtigen Dinge zu lernen. Ich höre auf Gott und folge ihm so gut ich kann.

Im täglichen Leben

Ich kann Klugheit erlernen

Ich weiß bei meinen Hausaufgaben nicht alle Antworten, aber ich weiß, wo ich die Antworten finden kann.

Ich weiß auch nicht die Antwort auf diese Aufgabe. Ihre Antwort abzuschreiben ist viel einfacher.

Ich weiß, was hier zu tun ist, das habe ich gerade in der Schule gelernt.

Als meine Lehrerin mich bat, meine Antwort zu erklären, wusste ich nicht, was ich sagen sollte: „Hmm?"

Groß ist der Herr
und sehr zu loben
in der Stadt unseres Gottes.

(Psalm 48,2)

ANBETUNG

Ein Tempel für Gott

(1. Könige 4-7)

Gott gab Salomo eine wichtige Aufgabe: „Baue einen Tempel für all die Menschen, damit sie mich hier anbeten können." Salomo strengte sich sehr an, damit der Tempel groß, schön und mächtig wurde.

Der Tempel sollte der beste in der ganzen Welt werden. „Wir müssen das beste Holz für das Dach nehmen und die stärksten Steine für die Säulen. Wir brauchen überall goldene Lampen", wies Salomo die Arbeiter an.

Sie gaben ihr Bestes und damit zeigten sie, dass sie Gott ehrten. Es gehört auch zur Anbetung, Gott mit den Dingen zu erfreuen, die wir sagen und tun.

„Lieber Gott, dieser Ort ist für dich. Wir hoffen, er gefällt dir", betete Salomo. „Und nun können wir alle hier im Tempel unsere Liebe zu dir zeigen."

Anbetung

Ich liebe und respektiere Gott,
denn er hat mich gemacht.
Auch wenn viel los ist,
danke ich ihm Tag und Nacht.

Im täglichen Leben

Was ist wichtig?

Ich spiele so gern Fußball.
Ich könnte den ganzen Tag spielen.

Aber ich denke auch daran,
Gott für Freunde, einen Ball
und flinke Beine zu danken.

Wir beten das an, was uns am Wichtigsten ist,
und Gott möchte genau das in unserem Leben sein.

AUSDAUER

Essen vom Himmel

(1. Könige 16, 17)

Elia war ein guter Mann, der dem Volk weitersagte, was er von Gott gehört hatte. Eines Tages sagte ihm Gott: „Gehe zu König Ahab und sage ihm, dass er nicht länger falsche Götter anbeten darf." Da wurde der König wütend und Elia musste sich verstecken.

„Ich werde für dich sorgen und auf dich aufpassen", sagte Gott zu Elia. In seinem Versteck gab es keine Einkaufsläden oder andere Menschen. Jeden Morgen schickte Gott Raben zu Elia, die ihn mit Fleisch und Brot versorgten. Es gab auch einen kleinen Bach, wo er Wasser trinken konnte.

Elia musste viele, viele Tage geduldig warten, bis er aus seinem Versteck wieder herauskommen konnte und er sicher war. Auch wenn es dort schwierig und unbequem für ihn war, vertraute er darauf, dass Gott einen Plan hatte.

Ausdauer

Ich halte durch bis zum Ende und gebe nicht auf.
Ich warte geduldig, denn Gott hilft mir in meinem Lauf.

Im täglichen Leben

Ausdauer lohnt sich

Was für eine lange Warteschlange! Ich will eigentlich weg.

Für diese Hausaufgabe brauche ich aber sehr lange. Puuh!

Lecker! Das Warten hat sich gelohnt.

Juhuu! Eine 1 für die Hausaufgabe. Ich freue mich sehr, obwohl ich erst lange gebraucht habe.

SELBSTLOS AN ANDERE DENKEN

Eine Witwe in Not

(1. Könige 17,7-16)

Wenn es lange nicht regnet, wächst nichts zu essen und die Menschen werden sehr hungrig. Dann gibt es eine Dürre. „Geh in die Stadt und dort wirst du eine Frau treffen, die dir zu essen geben kann", sagte Gott zu Elia. Er sah eine Frau, die dürre Äste aufsammelte.

„Bitte gib mir Wasser und etwas zu essen", sagte Elia. Sie antwortete: „Aber ich habe nur ganz wenig Mehl und Öl übrig, um für meinen Sohn und mich das letzte Brot zu backen. Elia sagte ihr: „Hab keine Angst. Gott wird für euch sorgen."

Also machte sie ein Feuer, knetete den Teig und backte das Brot. Sie kümmerte sich zuerst um Elia, bevor sie an sich selbst dachte. Gott bewirkte ein erstaunliches Wunder und belohnte die Frau. Ihr Mehl im Topf wurde nie alle und es war immer genug Öl vorhanden.

Selbstlos an andere denken

Ich denke zuerst an andere
und erst danach an mich.
Ich gebe und teile das wenige,
denn Gott sorgt auch für mich.

Im täglichen Leben

Mein Geburtstagskuchen

Ich habe Geburtstag. Ich kann es gar nicht erwarten, den köstlichen Geburtstagskuchen zu essen.

Zuerst gebe ich meinen Freunden jeweils ein Stück.

Ich möchte, dass jeder eins bekommt.

Der Kuchen ist alle und nichts ist für mich übrig... aber... hier kommt ein leckerer Nachtisch! Mhmm!

Verliere nie dein Ziel aus den Augen, sondern geh geradlinig darauf zu.
(Sprüche 4,25)

ZIELSTREBIGKEIT

Siebenmal baden

(2. Könige 5,1-15)

Naaman war ein mächtiger Soldat, der alles und jeden besiegen konnte. Aber eine Sache konnte er nicht besiegen, denn er hatte eine schlimme Hautkrankheit namens Lepra.
„Ich bin bei allen Ärzten gewesen und habe jede Medizin und alle Cremes probiert, aber nichts hat geholfen", jammerte er. „Nur Gott kann diese Krankheit heilen!", sagte seine Dienerin. „Gehe zu Elisa, dem Mann Gottes", schlug sie vor.

Elisa sandte ihm eine Botschaft: „Bade dich siebenmal im Fluss Jordan und Gott wird dich heilen." Naaman war überrascht. „Was? Siebenmal in diesem dreckigen Fluss baden? Ich habe diesen Monat schon gebadet. Wie soll das denn bitte helfen?"

Doch schließlich tat Naaman, was Elisa ihm gesagt hatte. Er tauchte im Wasser unter einmal, zweimal, dreimal, viermal, fünfmal, sechsmal – nichts passierte. Aber Naaman wollte jetzt nicht aufgeben, auch wenn er es komisch fand. Nach dem siebten Bad rief er: „Es hat funktioniert! Ich bin geheilt! Danke, danke, Gott!"

Zielstrebigkeit

Entschlossen und das Ziel vor Augen
beende ich, was ich began.
Ich mache nicht nur einen Teil,
sondern arbeite so gut ich kann.

IM TÄGLICHEN LEBEN

Was für eine Aufgabe!

Mein Zimmer ist so unordentlich. So viel aufzuräumen!

Dieses Schulprojekt ist kompliziert. Ob ich das schaffen werde?

Ich gebe auf. Ich schaffe das nie!

Das war ein kniffliger und klebriger Job. Aber ich habe nicht aufgegeben.

Zwei haben es besser als einer allein denn wenn sie zusammenarbeiten, können sie mehr erreichen.

(Prediger 4,9)

ZUSAMMENARBEIT

Ein ganz kleiner König

(2. Könige 11, 12)

Der kleine Joasch lebte im Tempel bei seinem Onkel, dem Priester Jojada. Dort lernte er laufen, reden und auf sich aufzupassen. Sein Onkel lehrte ihn auch, Gott zu ehren und mit anderen zusammen zu arbeiten.

Als Joasch gerade mal sieben Jahre alt war, wurde er der König von Israel. Das ist sehr jung, um so eine wichtige Aufgabe zu übernehmen. Wie machte er das? „Ich muss so viele Dinge lernen und dafür habe ich die Hilfe von vielen Ratgebern", sagte Joasch. „Am besten ist, dass Gott mir hilft."

Joasch hörte auf den guten Rat, weil alle seine Ratgeber gute Ideen hatten. Einige waren gute Bauern, andere kluge Denker und wieder andere großartige Baumeister. Jeder konnte etwas besonders gut. Weil sie als Gruppe zusammen arbeiteten, konnten sie viel erreichen.

Teamarbeit

Großes erreichen wir gemeinsam
und ohne uns zu zieren.
Wir helfen uns mit Rat und Tat,
sonst können wir nur verlieren.

Im täglichen Leben

Meine Freundesgruppe

Eine Sandburg zu bauen geht am besten zusammen mit meinen Freunden.

Jeder hat seine eigene Aufgabe: graben, schaufeln...

... verzieren und etwas zu essen bringen.

Und fotografieren gehört auch dazu. Wir sind ein tolles Team!

Wir haben neuen Mut und Zuversicht gewonnen. Furchtlos und ohne Scheu erzählen wir jetzt von Gottes Botschaft.

(Philipper 1,14)

ÜBERZEUGUNG

Drei mutige Männer

(Daniel 3)

Die drei Freunde Schadrach, Meschach und Abed-Nego folgten Gottes Geboten. Eines Tages verkündigte der König von Babylon: „Verbeugt euch und betet meine goldene Statue an!" Die drei Freunde weigerten sich und sagten überzeugt: „Wir beten nur den wahren Gott an! Wir können uns nicht vor diesem Götzen verbeugen! Wir möchten nur Gott gefallen, auch wenn es dir nicht gefällt."

Der König wurde wütend und warf sie in einen glühenden Feuerofen. Aber als der König hineinschaute, war er schockiert. „Was? Sie laufen mitten im Feuer und ihre Kleidung ist noch nicht mal verbrannt! Und ich sehe noch einen vierten Mann im Ofen, der wie ein Engel aussieht. Wie ist das möglich?" Der König fiel fast in Ohnmacht. „Kommt heraus!", rief er. „Das war unglaublich. Jetzt weiß ich, dass euer Gott echt ist!" Erfreut erzählten die drei Freunde dem König vom wahren und mächtigen Gott.

Überzeugung

Ich glaube an den wahren Gott,
auch wenn es manchmal schwierig ist.
Mutig, furchtlos, zuversichtlich
tue ich, was richtig ist.

Im täglichen Leben

Auf Gottes Seite

Aus Gottes Wort, der Bibel, lerne ich was wahr und richtig ist.

Da gibt es viele gute Ratschläge. Jetzt weiß ich, was ich tun soll!

Vom Glauben überzeugt zu sein, wird einfacher, je mehr ich von Gott weiß.

GRUPPENDRUCK

Von Löwen umzingelt

(Daniel 6)

Daniel war ein Freund des Königs und half ihm sehr. Aber die anderen Ratgeber des Königs wurden neidisch auf Daniel und sie überredeten den König ein unsinniges Gesetz zu unterschreiben. Da stand: „Nur der König allein soll verehrt werden. Wer aber zu Gott betet, soll an die Löwen verfüttert werden."

Doch das Gesetz hielt Daniel nicht davon ab, seinen geliebten Gott anzubeten. „Egal, was die anderen von mir denken, ich werde das Richtige tun." Daniel ging nach Hause und betete wie immer zu Gott.

Die Ratgeber rannten zum König: „Daniel hat das Gesetz gebrochen. Er muss bestraft werden." Also wurde Daniel in die Löwengrube geworfen, aber er vertraute auf Gottes Hilfe, weil er das Richtige getan hatte.

Gleich am nächsten Morgen rannte der König zu seinem Freund Daniel. „Ich bin am Leben", sagte er. „Gott hat den Löwen befohlen, mir nichts zu tun."

Gruppendruck

Ich möchte beliebt sein
und mit Freunden herumtollen.
Doch ich lasse mich nicht beeinflussen,
wenn sie Schlechtes von mir wollen.

Im täglichen Leben

Ich entscheide mich selbst

Meine Freunde wollen einen Film ansehen, von dem ich weiß, dass wir ihn nicht schauen sollten.

„Komm schon. Das wird lustig", sagen sie.

Sollte ich mit ihnen gehen und das tun, was sie von mir erwarten?

Weißt du was? Ich entscheide mich, das zu tun, was Gott möchte.

DURCHHALTEN KÖNNEN

Die Stadtmauern neu aufbauen

(Nehemia 1-3)

Gottes Volk hatte Probleme. Die Stadt Jerusalem war in einem schlechten Zustand und die Stadtmauern waren zerstört. Nehemia betete: „Gott, was sollen wir tun?" Gott gab ihm einen Plan. Die Mauern sollten sehr breit und hoch wieder aufgebaut werden. Das war eine große Aufgabe für Nehemia und seine Helfer.

„Haha! Das schafft ihr nie!", sagten ihre Feinde und versuchten sie aufzuhalten. „Buuh!" Sie versuchten sogar, Nehemia einzuschüchtern und zu verjagen, aber Nehemia hielt durch und blieb stark.

Nehemia sagte seinen Helfern: „Ich weiß, wir sind alle müde. Es ist schwer, in der heißen Sonne an diesen riesigen Steinen zu arbeiten. Aber wir dürfen jetzt nicht aufgeben. Wir sind fast fertig." Wie sehr freuten sie sich am Ende, dass sie durchgehalten hatten und die Mauer fertig war!

Durchhalten können

Ich arbeite hart ohne aufzugeben.
Das wäre doch gelacht.
Durchhalten
bei schwierigen Aufgaben,
so wird das gemacht.

Im täglichen Leben

Kraft zum Durchhalten

Alle Fenster im Haus putzen?
Aber wir haben doch so viele Fenster!

Alle vierzehn Fenster
sind blitzblank sauber.

Wie haben wir das geschafft?
Wir beteten zuerst
und Gott gab uns die Ausdauer.

Nun sind meine Muskeln so stark,
dass es leicht ist, Muttis Einkauf
nach Hause zu tragen.

Eure Schönheit soll von innen kommen! Schmückt euch mit Freundlichkeit und Güte.

(1. Petrus 3,3+4)

SCHÖNHEIT

Königliche Schönheit

(Esther)

Der König von Persien wählte Esther als seine Königin, denn sie war sehr hübsch anzusehen. Gott wählte Esther, denn sie war auch innerlich schön.

Eines Tages hörte sie schreckliche Nachrichten. Ein Mann namens Haman wollte das ganze Volk Gottes vernichten. „Das können wir nicht zulassen. Ich werde alles tun, um mein Volk zu retten", sagte Esther. „Ich werde zum König gehen und mit ihm reden."

Allerdings durfte niemand einfach so ungefragt zum König kommen. Esther bat Gott um Hilfe und Kraft, und das machte sie schön von innen. Dann kämmte sie sich das Haar, zog ihr bestes Kleid an und machte sich hübsch. Elegant und anmutig schritt sie zum König und erzählte ihm von Hamans schrecklichen Plan. „Was für eine Schönheit und welcher Mut", dachte der König. „Aber was für ein schrecklicher Plan. Ich werde sofort etwas unternehmen." Der König bestrafte Haman und Gottes Volk war gerettet.

Schönheit

Bei Schönheit geht es nicht darum, wie hübsch ich aussehe. Wenn Gottes Liebe in mir strahlt, bin ich schön, wo ich auch geh und stehe.

Im täglichen Leben

Wunderschöne Dinge

Mit toller Kleidung, Make up und Schmuck sehe ich äußerlich sehr schön aus.

Aber ein liebendes und freundliches Herz,
gefüllt mit Gottes Liebe, macht mich auch innerlich schön.

BEREIT SEIN

Im Bauch des Fisches

(Jona 1-3)

Gott hatte eine Botschaft für Jona: „Geh nach Ninive und sage den Leuten, dass sie nicht mehr so böse sein sollen." Jona antwortete: „Herr, ich kann die Leute von Ninive nicht leiden und ich bin zu beschäftigt." Also versteckte er sich auf einem Schiff, das in die andere Richtung fuhr. „Vielleicht wird mich Gott hier nicht finden", dachte er.

Da lag Jona aber ganz falsch, denn Gott weiß alles. Er schickte einen großen Sturm mit riesigen Wellen und Jona fiel ins Meer und versank. Aber Gott wollte nicht, dass Jona ertrinkt, also schickte er auch einen großen Fisch, der ihn verschluckte. Drei Tage später betete Jona: „Gott, es tut mir leid, dass ich weggerannt bin und nicht das tun wollte, worum du mich gebeten hast."

Gott ließ den Fisch ans Ufer schwimmen und dort spuckte er Jona aus. Jona machte sich auf den Weg. „Jetzt bin ich bereit, deine Botschaft den Leuten von Ninive zu überbringen", sagte er.

Bereit sein

Wenn Hilfe gebraucht wird,
bin ich da.
Gott kann mich gebrauchen,
denn ich sage Ja.

Im täglichen Leben

Wer kann helfen?

Wenn Mama fragt: „Wer kann mir mit dem Abwasch helfen?",

dann bin ich bereit und verstecke mich nicht.

Alleine auf der Wippe zu spielen funktioniert nicht sehr gut.

Es ist super, wenn andere da sind und mitmachen wollen.

GOTTES LIEBE

Der König ist geboren

(Lukas 2,1-2)

Hörst du gern gute Nachrichten? Also das hier ist die beste Nachricht aller Zeiten. Gott liebt uns so sehr, dass er sich entschied, uns auf der Erde zu besuchen. Und weil er wusste, dass wir am besten einen Menschen verstehen, sandte er seinen Sohn Jesus.

Aber Jesus kam nicht als jemand, der reich und berühmt ist. Er wohnte nicht in einer schicken Villa. Er kam als Baby zu einfachen Eltern. Das waren Maria und Josef.

„Ein strahlender Engel sagte mir, dass wir den Sohn Gottes zur Welt bringen werden", sagte Maria zu Josef. Aber zuerst mussten sie den weiten Weg nach Bethlehem reisen. Dort wurde das Baby Jesus im Stall geboren und in eine Futterkrippe gelegt und die Tiere standen dabei.

Gottes Liebe

Gott ist perfekt, doch wir sind Sünder.
Aber Gott liebt uns so sehr,
dass er seinen Sohn Jesus sandte.
So sind wir nun seine Kinder.

Im täglichen Leben

Jesus feiern

Wusstest du, dass der Name Jesus „Retter" bedeutet?

Ich stelle mir einen Prinzen vor, der sein Schloss verlässt, um jemand zu retten, den er sehr liebt.

Das hat Jesus für dich und mich getan. Ist das nicht großartig?

Zu Weihnachten feiern wir Gottes Liebe. Aber ich kann ihm jederzeit dafür danken.

Dich will ich ehren, mein Gott und König! Dich will ich preisen für alle Zeit!
(Psalm 145,1)

ANBETUNG

Königliche Geschenke

(Matthäus 2,1-12)

Wie kündigst du deinen Geburtstag an? Verschickst du Einladungen oder hängst du ein Schild auf? Einige Leute hängen Luftballons oder Fahnen auf.

Die Geburt von Jesus war die beste Nachricht aller Zeiten! Gott war so begeistert, dass er sie nicht für sich behalten konnte. Er schickte einen Engelschor zu den Hirten auf dem Feld und ließ die Geburt ankündigen. Aber das war nicht alles. Gott ließ auch einen besonderen Stern am Himmel erscheinen.

Weise Männer sahen den Stern. „Er zeigt die Geburt eines Königs an", sagten sie zueinander. „Folgen wir dem Stern, um den König zu finden!"

Als sie schließlich in Bethlehem ankamen, verbeugten sie sich vor dem kleinen Jesus und beteten ihn an. „Du bist der Sohn Gottes. Wir verehren dich, unseren König!", sagten sie. Dann überreichten sie ihm seine Geburtstagsgeschenke Gold, Weihrauch und Myrrhe.

Anbetung

Ich staune, wenn ich sehe,
was Gott alles gemacht.
Ich tanze, sing und bete
und juble über Gottes Pracht.

Im täglichen Leben

Mein Gott ist großartig

Wenn ich bete, schenke ich Gott meine volle Aufmerksamkeit. So ehre und achte ich Gott.

Ich schließe meine Augen und falte meine Hände, damit ich mich nicht ablenken lasse.

Es gibt so viele Dinge, die ich an Gottes Schöpfung bewundere. Auch wie die Pflanzen Wasser trinken.

Mir schmecken diese Früchte sehr gut. Wofür kannst du Gott danken?

Wenn Gottes Worte gelehrt werden, schenken sie Erleuchtung und Verständnis.

(Psalm 119,130)

GOTTES WORT

Im Tempel

(Lukas 2, 41-52)

Einmal im Jahr gingen Josef und Maria nach Jerusalem in den Tempel. Als Jesus zwölf Jahre alt war, kam er mit. Auf dem Rückweg dachten Josef und Maria, dass Jesus in der Reisegruppe bei seinen Freunden war. Aber dort war er nicht und sie konnten ihn nirgends finden. „Wir haben Jesus verloren! Er muss noch in Jerusalem sein", riefen sie laut.

Sie suchten in den Häusern, auf dem Markt, in den Straßen und auf den Dächern.

Erst drei Tage später fanden sie ihn im Tempel, wo er mit den Priestern über die biblischen Schriften diskutierte. „Jesus, wir haben dich überall gesucht", sagten Josef und Maria als sie ihn endlich umarmen konnten. „Aber warum denn? Wusstest ihr nicht, dass ich im Haus bei meinem Vater sein würde?", antwortete Jesus. Er meinte damit Gott (seinen Vater im Himmel), weil Jesus schon als kleines Kind von Gott gehört und viele Dinge über ihn gelernt hatte.

Gottes Wort

In der Bibel lese ich Gottes Wort
und denke darüber nach,
was Gott gesagt hat.
Was ich von ihm lernen soll,
das steht dort.

Im täglichen Leben

Wie lebe ich mein Leben?

Seht mal mein neues Spielzeug!
Oh, das ist aber ganz schön kompliziert.

Da lese ich besser die Anleitung
wie ich es zusammenbauen soll.

In meiner Bibel steht:
„Liebe deinen Nächsten
wie dich selbst."

Ich kann Gottes Wort lesen und Anweisungen finden, wie ich am besten mein Leben führen kann. Gott weiß es am besten, schließlich hat er mich geschaffen.

MUT UND KÜHNHEIT

Von Jesus reden

(Johannes 1,19-34)

Jesus hatte einen Cousin, der hieß Johannes. Die Leute nannten ihn Johannes den Täufer, weil er am Fluss Jordan stand und die Menschen mit Wasser taufte. Mit der Taufe kannst du zeigen, dass dir deine Sünden leid tun und du rein gewaschen werden möchtest.

Johannes verkündigte wichtige Dinge: „Hört auf, böse Dinge zu tun und macht euch bereit, denn der Sohn Gottes kommt bald." Viele Menschen hörten auf Johannes und sie bedauerten ihre bösen Taten. Aber andere konnten Johannes nicht leiden und hörten nicht auf ihn. „Wer bist du denn, dass du uns vorschreiben willst, was wir tun sollen? Wir machen, was uns gefällt." Doch Johannes sprach trotzdem mutig weiter.

Eines Tages kam Jesus vorbei. „Jesus ist hier!", sagte Johannes. „Von ihm habe ich euch erzählt! Er wird euch von euren Sünden retten!" Johannes wollte, dass alle Jesus kennenlernen und ihm folgen.

Mut und Kühnheit

Mutig, kühn und tapfer
erzähl ich anderen von Gott.
Ob sie das hören wollen oder nicht,
es ist doch die beste Nachricht.

Im täglichen Leben

Der beste Eisladen

Dort gibt es das beste Eis! Ich muss allen meinen Freunden davon erzählen.

Ich weiß, dass Gott mich und alle Menschen liebt. Ich muss meinen Freundinnen davon erzählen.

Wenn ich anderen mutig von Gott erzähle, werden manche das gern hören und andere nicht. Aber es wäre sehr schade, das still für mich zu behalten.

Jesus hat euch ein Beispiel gegeben, dem ihr folgen sollt.

(1. Petrus 2,21b)

JESUS NACHFOLGEN

Jesus wählt seine Jünger

(Markus 3,13-19)

„Komm, folge mir!", sagte Jesus und zwölf Männer folgten. Manche dieser Männer waren gerade fischen, einer saß unter einem Baum, einer sammelte die Steuern ein und zwei waren auf dem Weg zur Arbeit.

Sie hatten alle viel zu tun, aber Jesus hatte eine bessere Aufgabe für sie. „Wenn du meine Lehre annimmst und mir folgst, dann bist du mein Nachfolger", sagte Jesus zu ihnen.

Ein Nachfolger heißt auch Jünger. Das ist jemand, der von seinem Lehrer lernt und dann das tut, was auch sein Lehrer tut.

„Schau mal, Jesus betet. Ich möchte auch beten!" sagte ein Jünger. „Schau mal, Jesus hilft den Armen. Ich möchte ihnen auch helfen!" sagte ein anderer. „Schau mal, Jesus erzählt den Menschen von Gottes Liebe. Das möchte ich auch tun!" sagte noch ein anderer Jünger.

Ich folge Jesus,
denn ich ahme nach, was er tat
und folge seinem Rat.

Jesus nachfolgen

Im täglichen Leben

Ich kann Jesus nachahmen

Wie kann auch ich Jesus nachfolgen? Indem ich ihn nachahme.
Ich lese im Neuen Testament, wie er auf der Erde gelebt hat.

Ich bin nett und hilfsbereit
und lebe so, dass es ihm gefällt.

Er *zwingt* mich *nicht*, ihm zu folgen.
Er *lädt* mich *ein*. Und ich nehme
seine Einladung gern an!

Liebe ist geduldig und freundlich. Die Liebe wird nie vergehen.
(1. Korinther 13,4a+8a)

FREUNDLICHKEIT

Zeit mit Jesus verbringen

(Matthäus 19,13-15)

Nicht nur Erwachsene folgten Jesus nach, auch Kinder wollten bei ihm sein. „Mit Jesus zu spielen macht so viel Spaß!", kicherten die Kinder. „Juhuu! Ich kann an seinem starken Arm schaukeln!", lachten sie. Auch ein Baby quietschte vor Freude: „Lalala."

Die Jünger sagten: „Jesus ist zu beschäftigt, um mit kleinen Kindern zu spielen. Lasst ihn in Ruhe!" Aber Jesus antwortete: „Nein! Lasst die Kinder zu mir kommen und schickt sie nicht weg. Ich spiele gern mit Kindern und in Gottes Königreich sind ganz viele."

Jesus umarmte und segnete die Kinder. Er setzte sie auf seinen Schoß und erzählte ihnen Geschichten. Er hatte ganz viel zu tun, weil er lehrte und predigte und Krankheiten heilte. Aber durch sein Beispiel zeigte er uns, dass Liebe, Freundlichkeit und mit anderen Menschen Zeit zu verbringen äußerst wichtig sind.

Freundlichkeit

Ich denke an andere,
bei dem, was ich begehre.
Ich frage mich: „Was würde mir
gefallen, wenn ich du wäre?"

Im täglichen Leben

Ich empfange Gottes Liebe

Wenn ich mich von Jesus geliebt weiß, dann möchte ich auch lieb und freundlich zu anderen sein.

Danke für mein Frühstück und dass ihr mich zur Schule bringt und meine Kleidung wascht und …

… oh, ich könnte das gar nicht alles aufschreiben, mein Papier würde nicht ausreichen.

Ich bin gespannt, welche guten Taten ich heute für andere tun kann.

FRÖHLICHKEIT

Wasser wird zu Wein

(Johannes 2,1-11)

Eines Tages war Jesus auf einer Hochzeitsfeier, als die Diener ein großes Problem feststellten. Sie suchten auf jedem Regal und in jedem Krug. „Was sollen wir nur tun? Der Wein ist alle!", schrien sie aufgeregt.

Jesus wollte, dass alle weiterfeiern können, also sagte er den Dienern: „Füllt diese Krüge mit Wasser und gebt dem Koch einen Becher davon."

Die Diener waren verwundert. „Was hat Jesus vor? Dem Koch Wasser servieren?" Aber sie gehorchten fröhlich und taten, was Jesus ihnen aufgetragen hatte.

Als sie den ersten Becher ausschenkten, waren sie erstaunt: „Schaut mal! Aus dem Wasser ist Wein geworden!", jubelten sie. „Das ist ein Wunder! Hurra! Die Party ist gerettet." Als der Bräutigam den Wein trank, staunte er: „Mhm, dieser Wein ist sogar noch besser als der Wein, der alle geworden ist."

Fröhlichkeit

Ich bin fröhlich,
auch bei Problemen.
Gott schenkt uns Freude,
wenn wir uns Zeit zum Beten nehmen.

Im täglichen Leben

Ich habe ein Problem

Ich habe ein Problem!
Ich habe mein Lieblingsspielzeug verloren.

Ich habe ein Problem!
Auf dem Spielplatz hat es angefangen zu regnen.

Ich bete und bringe Gott meine Sorgen und Probleme.

Und dann mache ich das Beste daraus und bin wieder fröhlich.

SANFTMÜTIG SEIN

Jesus stillt den Sturm

(Markus 4,35-41)

Jesus und seine Jünger stiegen in ein Boot ein. Sie ruderten ein Stück und dann schlief Jesus ein. Nun kam ein frischer Wind auf und die Wellen wurden immer größer. „Das Wasser schwappt ins Boot. Es wird schwerer und wir werden sinken!", schrien die Jünger. Sie ruderten noch mehr und schöpften das Wasser mit Eimern aus dem Boot.

Einige der Jünger von Jesus waren Fischer und sie hatten schon heftige Stürme erlebt, aber dieser Sturm war besonders schlimm. „Wach auf, Jesus! Hilf uns! Wir werden sinken!", riefen sie verzweifelt.

Jesus stand auf und hob seine Arme. „Sei still und schweig!", sagte er zum Sturm. Plötzlich legte sich der Sturm. Der Donner hörte auf, der Wind wurde still und die Wellen wurden ruhig. Der starke und mächtige Jesus zeigte damit, dass er schwierige Probleme ganz sanftmütig und behutsam lösen konnte.

Sanftmütig sein

Verängstigt und erschreckt
mache ich mir Sorgen.
Doch Jesus beruhigt mich,
denn bei ihm bin ich geborgen.

Im täglichen Leben

Schnell, los, Aua!

Schnell! Ich verpasse sonst den Bus und komme zu spät zur Schule ... Oh je! Schon liegt alles auf dem Boden.

„Alles wird gut", beruhigt mich Papa sanft und einfühlsam.

Ich kann darauf vertrauen, dass Gott sich um meine Probleme kümmert. „Danke, Papa, für mein neues Brot."

Ich kann auch darauf vertrauen, dass Gott mich beruhigt und besänftigt. „Wenn der Bus weg ist, fahre ich eben mit dem Rad zur Schule."

Das Gebet des Glaubens wird dem Kranken helfen. (Jakobus 5,15)

GLAUBEN

Jesus der Arzt

(Markus 5,21-24, 35-43)

Ein trauriger Papa rannte zu Jesus und bettelte: „Bitte hilf uns! Mein kleines Mädchen ist sehr krank! Aber ich glaube ganz fest, dass du sie berühren und gesund machen kannst, wenn du mit mir kommst."

Als sie ankamen, rannte ein Diener ihnen entgegen. „Es ist zu spät. Dein kleines Mädchen ist tot." Die Leute weinten: „Sie war so lieb. Wir werden sie vermissen. Buhuu!"

Jesus kam herzu und sagte: „Weint nicht! Sie schläft nur." Einige Leute weinten noch mehr, während andere ihn auslachten. Aber der traurige Papa vertraute darauf, dass Jesus helfen konnte.

„Steh auf, kleines Mädchen!", sagte Jesus und hielt ihre Hand. Plötzlich begann sie zu atmen: „Aah!" Sie öffnete ihre Augen: „Zwinker, zwinker!" Das kleine Mädchen war wieder am Leben! Nun wurde der traurige Papa wieder ganz fröhlich.

Glauben

Gott sagt die Wahrheit,
darauf kann ich vertrauen.
Also zweifle ich nicht,
denn ich kann auf ihn bauen.

Im täglichen Leben

Mein kleines Samenkorn

Mein Glaube wächst wie ein Samenkorn und ist am Anfang noch ganz klein.

Ich gieße jeden Tag und die Pflanze wächst groß.

Ich lerne von Gottes Wort, dass er alles tun kann.

Wenn ich bete, vertraue ich seinen Versprechen. Schließlich ist er der König.

GOTT BITTEN

Ist das ein Vogel?

(Markus 10, 46-52)

Ein blinder Mann saß an der Straße. Als er hörte, dass Jesus vorbeikommt, rief er laut: „Herr, hab Erbarmen mit mir und hilf mir!" Die anderen Leute schimpften: „Sei still! Du nervst!" Aber er schrie nur noch lauter: „Jesus, hilf mir!"

Er rief so lange, bis Jesus ihn hörte und näher kam. „Was soll ich für dich tun?", fragte Jesus. „Bitte heile meine Augen, damit ich sehen kann", antwortete der Mann.

Jesus berührte seine Augen und … Tadaa! Der Mann wurde geheilt und er konnte sehen. „Ich kann einen Baum sehen und ich sehe mich. ‚Zwitscher, zwitscher!' Ich kenne dieses Lied. Ist das ein Vogel?"

Warum fragte Jesus den Mann, was er möchte? Weiß Jesus nicht bereits alles? Ja, er weiß alles. Aber Jesus möchte, dass wir mit unseren Sorgen und Nöten zu ihm kommen und ihn um Hilfe bitten.

Wenn ich Gottes Hilfe suche für eine Not oder ein Problem, dann weiß er, was ich brauche, aber wartet trotzdem auf mein Gebet.

Gott bitten

Im täglichen Leben

Gottes Antworten

Gott freut sich, wenn ich zu ihm bete und ihm sage, was ich brauche.

Wenn ich Gott um etwas bitte, sagt er manchmal: „Ja!"

Manchmal sagt er: „Vielleicht später!"

Manchmal sagt er auch: „Nein!" Aber Gott weiß immer, was am besten für mich ist.

Lasst uns einander lieben:
nicht mit leeren Worten,
sondern mit tatkräftiger Liebe
und in aller Aufrichtigkeit.

(1. Johannes 3,18)

HILFSBEREIT SEIN

Wiedergefunden

(Lukas 15, 4-7)

Jesus erzählte eine Geschichte von einem Hirten, der 100 Schafe hütete. „Guten Morgen, Schafe. Auf zur grünen Wiese, wo es frisches Gras gibt und zum Bach für frisches Wasser", rief der Hirte. Am Bach hörte er etwas in den Büschen rascheln. Der Hirte sprang auf, schwang seinen Stab und vertrieb einen Wolf.

Am Ende des Tages zählte er seine Schafe. „97, 98, 99… aber keine 100?" Sofort ließ er die 99 Schafe zurück und machte sich auf die Suche nach dem verlorenen Schaf.

Er suchte überall: den Weg entlang, den Hügel hoch, im Wald, zwischen den Felsen und beim Bach. „Wo bist du, mein kleines süßes Schäfchen?", rief er. „Mäh, ich stecke in den Dornen fest", blökte das Schaf.

Erschöpft von der langen Suche befreite der Hirte sein Schaf aus den Dornen. „Ich bin so froh, dass ich dich gefunden habe. Komm! Wir feiern deine Rückkehr mit den anderen 99 Schafen."

Hilfsbereit sein

Wenn jemand Hilfe braucht,
handle ich sofort,
Hab ich es auch nicht geplant,
so bin ich trotzdem vor Ort.

Im täglichen Leben

Was kann ich tun?

Im Park spielt ein schüchternes Kind ganz für sich allein.

Ich spiele mit neun tollen Freunden.

Gott möchte nicht, dass jemand übersehen wird.

Also wie kann ich dem Jungen Gottes Liebe zeigen?

FREUNDSCHAFT

Freunde helfen einander

(Markus 2,1-12)

Vier Freunde trugen einen gelähmten Mann zu Jesus, aber er lehrte in einem Haus und eine riesige Menschenmenge war da.

„Klopf, klopf!" Keiner antwortete. Dann öffnete einer der Freunde die Tür und rief: „Hallo!" Aber niemand achtete auf ihn, weil sie alle Jesus zuhörten. „Entschuldigen Sie bitte!" Aber keiner ging zur Seite, weil so viele Menschen im Haus waren und kein Platz übrig war. „Schaut da oben!", rief einer der Freunde.

Die Freunde kletterten auf das flache Dach und deckten es ab. Sie machten ein Loch im Dach, durch das sie ihren Freund herabließen, direkt vor die Füße von Jesus.

Jesus heilte den gelähmten Mann und jetzt gab es nicht nur vier Freunde, die laufen konnten. Alle fünf konnten nun rennen, springen und sie lobten Gott.

Freundschaft

Ein wahrer Freund ist immer da.
Durch dick und dünn
gehen wir gemeinsam.
Zusammen sind wir niemals einsam.

Im täglichen Leben

Wozu sind Freunde da?

Mit meinen Freunden kann ich spielen und lachen,

Ich kann mit ihnen baden oder ein Picknick machen.

Gemeinsam räumen wir auf und helfen bei Kummer und Sorgen.

Ich putze dir die Nase und helfe dir. Dann geht es dir schon besser am Morgen.

Tut Gutes und gebt gern von eurem Reichtum ab, um anderen zu helfen.

(1. Timotheus 6,18)

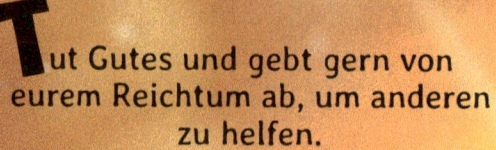

TEILEN

Ein Junge teilt sein Essen

(Johannes 6,1-14)

Eine große Menschenmenge war gekommen um zu hören, was Jesus über Gott lehrte. Nach vielen Stunden waren sie alle sehr hungrig, denn sie hatten den ganzen Tag nichts gegessen. „Die Leute sind hungrig. Kauft ihnen etwas zu essen", sagte Jesus zu seinen Jüngern. „Aber es sind so viele tausend Menschen hier und der Markt ist so weit weg", antworteten sie.

Ein kleiner Junge kam zu Jesus und sagte: „Ich habe fünf kleine Brote und zwei Fische. Es ist nicht viel, aber ich werde es mit anderen teilen." Jesus freute sich, dass der Junge bereit war sein Essen zu teilen.

Jesus nahm das Essen und segnete es. Die Jünger teilten es an die vielen Menschen aus und erstaunlicherweise wurde genug daraus, um Tausende satt zu machen. „Was für ein Wunder!", sagte der Junge. „Ich habe sogar mehr Essen übrig als ich vorher mitgebracht hatte und ich bin ganz satt."

Teilen

Ich seh die Not der anderen
und teile was ich kann,
ganz freiwillig und gern,
denn das ist Gottes Plan.

Im täglichen Leben

Teilen macht Freude

Ich habe einen Beutel Kekse.
Soll ich sie alle selbst essen
und meinen Bauch mit Leckereien füllen?

Ich denke, ich teile sie lieber mit einem Freund.
Dann wird unser Herz mit Freude angefüllt.

Denk an Gott bei allem, was du tust; er wird dir den richtigen Weg zeigen.

(Sprüche 3,6)

JESUS AN ERSTER STELLE

Erst zuhören, dann handeln

(Lukas 10,38-42)

Die zwei Schwestern Maria and Marta luden Jesus in ihr Haus ein. Maria setzte sich neben Jesus und hörte zu, wie er lehrte. Marta kehrte inzwischen den Fußboden. Maria war ganz Ohr, während Marta den Tisch deckte. Maria hörte aufmerksam auf jedes Wort, während Marta die Teller polierte. Maria saugte jedes Wort von Jesus in sich auf, während Marta das Essen zubereitete. Plötzlich hörte Maria, wie Marta wütend aufschrie: „Maria hilft mir überhaupt nicht. Ich muss die ganze Arbeit allein machen! Das ist nicht gerecht!"

Jesus lächelte und sagte: „Marta, jetzt beruhige dich! Maria möchte neben mir sitzen und von mir lernen. Das ist das Wichtigste, was sie jetzt tun kann. Es zeigt, dass sie mich liebt."

Jesus gefiel es, dass sie erst Zeit mit ihm verbrachten, auch wenn das Essen noch nicht fertig war. Später konnten sie dann gemeinsam aufräumen.

Jesus an erster Stelle

Zuerst will ich Zeit mit Gott verbringen, ganz ohne Hast.
Dann stell ich sicher,
dass ich sonst nichts hab verpasst.

Im täglichen Leben

Eine Zeit für alles

Es gibt eine Zeit zum Arbeiten:
„Ich fange besser gleich an.
Ich habe so viele Hausaufgaben auf!"

Es gibt eine Zeit zum Spielen:
„Juhuu! Das macht Spaß!"

Es gibt eine Zeit zum Zuhören:
„Danke, dass du mir vorliest, Papa."

Und es gibt eine Zeit zum Beten:
„Jesus, bitte hilf mir,
auf deine Stimme zu hören..."

MITGEFÜHL

Ein verletzter Reisender

(Lukas 10,25-37)

Jesus erzählte die Geschichte von einem jüdischen Mann, der auf einer Reise einen einsamen Weg entlang ging. Plötzlich… SCHLAG! BUMM! Diebe überfielen ihn und raubten ihn aus. Sie schlugen ihn und ließen ihn halbtot liegen.

Zufällig kam ein Priester vorbei. „Oh, der arme Mann! Er braucht Hilfe, aber ich habe keine Zeit", sagte er und ging schnell weiter. Dann kam ein Tempeldiener vorbei. „Wie traurig. Aber der Priester hat ihm nicht geholfen, also warum sollte ich es tun?" Auch er ging weiter.

Schließlich kam ein Samariter den Weg entlang. Die Juden und die Samariter konnten sich eigentlich nicht leiden, aber er dachte: „Ich kann nicht einfach vorbeigehen. Ich muss diesem verletzten Mann helfen!" Also verband der barmherzige Samariter dem Mann seine Wunden und bezahlte für ihn eine Unterkunft, wo er wieder gesund werden konnte.

Mitgefühl

Ich verstehe, dass du traurig bist.
Also tue ich, was ich kann,
damit du dich bald besser fühlst.

Im täglichen Leben

Ich fühle und handle

Bumm! Ich sehe, dass mein Freund hingefallen ist.

Aua! Das muss wehgetan haben.

Ich handle ganz schnell:
„Komm, ich helfe dir."

Wenn ich sehe, dass jemand in Not ist, schaue ich, wie ich ihm helfen kann.

Wo aber die Sünde mächtig geworden ist, da ist doch die Gnade noch viel mächtiger geworden.

(Römer 5,20)

VERGEBUNG

Der Partylöwe

(Lukas 15,11-32)

Einige Leute dachten, dass sie besser seien als andere und es gefiel ihnen nicht, dass Jesus die Sünder bei sich willkommen hieß. Jesus erzählte ihnen diese Geschichte: Ein Vater hatte zwei Söhne. Der jüngere Sohn wollte von zu Hause weg und sein Leben genießen. „Ich will Spaß haben und ich brauche viel Geld dafür!", sagte er. Das machte seinen Vater ganz traurig, aber er tat, was der Sohn wollte.

Eine Zeit lang hatte der Sohn viel Spaß: tolle Partys, tolle Klamotten und tolles Essen. Aber bald langte er in seine Taschen und... „Ich habe kein Geld mehr und jetzt bin ich hungrig." Er konnte nur noch Arbeit als Schweinehirt finden. Das Füttern der Schweine war eklig und stank, aber er hatte Zeit zum Nachdenken.

„Ich habe einen großen Fehler gemacht. Vater wird wütend sein, aber ich muss nach Hause gehen." Dort sagte der Sohn traurig: „Es tut mir leid! Ich habe falsch gehandelt. Bitte lass mich nur dein Deiner sein." Doch der Vater antwortete: „Was? Nein, du bist mein Sohn und ich vergebe dir. Komm, wir feiern, dass du wieder zurückgekommen bist."

Vergebung

Gott vergibt mir meine Sünden.
Keine einzige bleibt bestehen.
So werde ich auch anderen vergeben,
wenn wir uns wiedersehen.

Im täglichen Leben

Der platte Reifen

Ein Freund borgt sich mein Fahrrad für ein Hindernisrennen.

„Zisch! Pffffff…"
Er kommt mit einem platten Reifen zurück…

„Schrei! Ich werde dir nie wieder mein Fahrrad borgen!" So fühle ich mich.

Aber stattdessen: „Ich vergebe dir. Das ist mir auch schon passiert."
So reagiere ich!

DANKBARKEIT

Eine dankbare Rückkehr

(Lukas 17, 11-19)

Jesus traf zehn Männer, die eine schlimme Hautkrankheit hatten. „Bitte hilf uns, Jesus! Heile uns von dieser Lepra", bettelten sie. Jesus sagte: „Geht und zeigt euch den Priestern, so dass sie sehen können, dass ihr geheilt seid."

Sobald die Leprakranken in Richtung Tempel gingen, heilten die Geschwüre und die Wunden verschwanden. „Das ist fantastisch! Jetzt können wir nach Hause gehen. Juhuu!"

Aber ein Mann sagte: „Wartet! Ich muss erst noch was erledigen. Das ist wichtig." Er rannte zu Jesus zurück. „Oh, danke, Jesus. Ich bin geheilt. Danke, danke!"

Jesus sah sich um: „Aber habe ich nicht zehn Männer geheilt? Wo sind die anderen?" Ohje! Nur einer hatte daran gedacht, auch dankbar zu sein und „Danke" zu sagen.

Dankbarkeit

Schau dir all die tollen Dinge an,
die Gott geschaffen hat.
Also denken wir daran,
ihm dafür zu danken.

Im täglichen Leben

Alles was ich habe

Ich habe ein weiches Kissen auf meinem Bett. Ich danke Gott dafür.

Ich habe tolle Schuhe. Also danke ich Gott.

Ob ich ganz viel oder nur ganz wenig Spielzeug habe, ich danke ihm dafür.

Ob es mein Lieblingsessen gibt oder nur irgend etwas zu essen, ich danke Gott dafür.

SÜNDEN BEKENNEN

Ein veränderter Mann

(Lukas 19,1-10)

Zachäus wollte Jesus sehen, aber er war zu klein und die Menschenmenge um ihn herum war zu groß. Zachäus versuchte sich durchzuquetschen, drunterzukriechen oder drüberzuklettern, aber keiner half ihm, obwohl er nicht groß war. Warum? Die Leute konnten ihn nicht leiden. Und warum das? Er war ein Zöllner, das heißt er trieb die Steuern ein und betrog die Menschen um ihr Geld.

Zachäus hatte einen Plan. „Ich werde auf diesen Baum dort klettern, dann kann ich besser sehen." Jesus sah ihn auf dem Baum sitzen und fragte: „Kann ich heute bei dir essen?" Zachäus war schockiert. „Was? Bei mir Sünder? Wieso?"

Aber Jesus und der kleine Mann sprachen beim Essen miteinander. „Jesus, es tut mir leid, dass ich alle betrogen habe. Ich werde es wiedergutmachen und allen ihr Geld zurückgeben." Dank Jesus bereute Zachäus seine Fehler und änderte sein Verhalten.

Sünden bekennen

Sünden bekennen und Fehler bereuen,
das bedeutet Buße tun.
Ich zeige, dass es mir leid tut
und sage „Entschuldigung".

Im täglichen Leben

Die Dinge richtig machen

1. Fehler erkennen und bereuen: „Ja, ich habe deine Kekse gegessen. Es tut mir leid."

2. Um Vergebung bitten: „Wirst du mir vergeben?"

3. Fehler wiedergutmachen: „Ich kaufe dir neue Kekse."

4. Fehler nicht wiederholen: „Ich verspreche dir, deine Kekse nicht mehr zu essen."

BEGEISTERUNG

Nach Jerusalem

(Lukas 19,37-38; Johannes 12,13)

Klipp klapp! ... klapperten die Hufe des Esels, auf dem Jesus nach Jerusalem hinein ritt. „Hosanna! Gesegnet ist der, der im Namen des Herrn kommt!", riefen die Leute auf den Straßen und von den Dächern.

Einige Menschen legten ihre Mäntel auf den Boden wie einen königlichen Teppich, während andere mit Palmzweigen winkten. Warum Palmzweige und nicht Bananenblätter? Weil Palmzweige ein Bild für das Gute und den Sieg sind.

Tausende Menschen tanzten, sprangen auf und nieder und riefen: „Hurra! Jesus ist hier!" Sie waren begeistert von Jesus und von den wunderbaren Dingen, die er für sie getan hatte. Die Leute jubelten und riefen lauter und lauter.

Das war ein ganz besonderer Moment. Wie zeigst du deine Begeisterung von Gott?

Begeisterung

Mit Begeisterung und Freude
preisen wir Gott.
Wir tanzen, singen, jubeln
und fürchten keinen Spott.

Im täglichen Leben

Jippie! Hurra!

Ich kann von Gottes Güte begeistert sein und ihm und anderen dienen.

Zum Beispiel, wenn ich Papas Auto wasche.

Ohne Begeisterung sieht das so aus: „Das dauert zu lange. Ich habe keine Lust. Es wird sowieso wieder dreckig."

Aber mit Begeisterung ist es so: „Ich poliere das Auto bis es wie ein Spiegel glänzt!"

ABENDMAHL

Nicht nur ein Snack

(Lukas 22,14-20)

In der Nacht, in der Jesus verhaftet wurde, versammelte er seine Jünger um sich für ein besonderes Essen zum Passafest. „Ich möchte euch etwas geben, damit ihr euch an mich erinnert", sagte Jesus. Denn die Menschen vergessen oft sogar die wichtigsten Dinge.

Er nahm Brot und brach es in Stücke. „Das ist mein Leib, der für euch hingegeben wird", sagte er.

Dann nahm Jesus den Becher mit Wein und sagte: „So oft ihr aus diesem Kelch trinkt, denkt an meine große Liebe für euch und an das, was ich für euch getan habe!"

So groß ist seine Liebe! Wir feiern das Abendmahl, um uns daran zu erinnern, was Jesus alles für uns getan hat.

Abendmahl

Mit Brot und Wein
erinnern wir uns,
was Jesus für uns getan hat.
Und es bittet um Vergebung,
wer etwas Falsches tat.

Im täglichen Leben

Sich an Gott erinnern

Ich habe ein Bild von einer Freundin in meinem Zimmer
und ein Geschenk von ihr.
Damit kann ich mich besser an sie erinnern.

Ich möchte auch Jesus nicht vergessen.
Im Abendmahl erinnern wir uns an seine Liebe
und an das, was er für uns getan hat.

ERRETTUNG

Jesus am Kreuz

(Markus 15,1-39)

Jesus kam auf die Erde, um die gute Nachricht von Gottes Liebe zu verkündigen. Aber nicht jeder mochte, was Jesus zu sagen hatte. Soldaten nahmen ihn gefangen und nagelten ihn an ein Kreuz. Jesus liebte uns so sehr, dass er am Kreuz für uns starb. Er war bereit, so sehr verletzt zu werden, um uns von unseren Sünden zu erretten.

Hast du jemals gelogen, betrogen, warst ungehorsam oder hast etwas Schlechtes getan? Natürlich sündigen wir alle und machen alle Fehler. Dafür verdienen wir eigentlich eine große Strafe. Doch weil Jesus uns so sehr liebt, starb er am Kreuz und nahm unsere Strafe auf sich.

Erinnerst du dich an die Geschichte von Adam und Eva und wie die Sünde uns von Gott trennte? Nun, durch Jesus können wir Gott wieder nahe sein. Ist das nicht großartig?

Errettung

Ich bin erlöst, weil Jesus am
Kreuz für mich starb,
Er nahm meine Sünden hinweg,
als er mein ewiges Heil erwarb.

Im täglichen Leben

Ein besonderes Gebet

Lieber Jesus, ich danke dir, dass du mich so sehr liebst,
dass du sogar für meine Sünden gestorben bist.

Ich nehme dich als meinen Retter in mein Herz auf.
Bitte sei mein besonderer Freund.

Er ist nicht mehr hier.
Er ist auferstanden,
wie er es vorhergesagt hat.

(Matthäus 28,6)

OSTERN

Er ist auferstanden

(Matthäus 28,1-10)

Jesus starb und wurde in ein Felsengrab gelegt. Davor wurde ein großer Stein gerollt und Wachen passten auf das Grab auf. Das war sehr traurig. ABER... das ist nicht das Ende der Geschichte! Denn drei Tage später wurde Jesus wieder lebendig.

Und das geschah so: Bei Sonnenaufgang ließ Gott ein Erdbeben geschehen. Die Wachen schlotterten vor Angst mit den Knien und fielen dann in Ohnmacht. Ein Engel rollte den Stein weg. Dann schauten zwei Frauen in das jetzt offene Grab und schrien: „Oh nein! Wo ist er hin?" Hinter ihnen rief jemand ihre Namen.

„Ich bin zurück", sagte Jesus. Später zeigte sich Jesus auch seinen Jüngern und vielen anderen Menschen. Sie weinten vor Freunde und umarmten ihn. „Jesus, du bist es wirklich! Du lebst!" Jetzt wussten sie, dass er wirklich auferstanden war.

Ostern

Jesus starb für uns,
doch das blieb nicht das letzte Wort,
Er ist auferstanden
und unser Retter immerfort.

Im täglichen Leben

Gottes große Macht

Wow! Jesus war stärker als der Tod.
Das ist ganz schön stark.

Das Reich Gottes ist echt
und ich kann ein Teil davon sein.

Heute ist Ostern! Wir haben besonderes Essen,
wir klatschen und jubeln froh,
weil wir Gottes große Macht feiern!

Unsere Hoffnung auf Gottes Zusage ist für uns ein sicherer und fester Anker.

(Hebräer 6,18-19)

VOLLER HOFFNUNG SEIN

Jesus fährt in den Himmel auf

(Lukas 24,50-53; Apostelgeschichte 1,9-11)

Jesus und seine Jünger stiegen auf einen Hügel. Er sagte zu ihnen: „Erzählt anderen Menschen von mir. Teilt die gute Nachricht mit jedem, damit auch andere an mich glauben können." „Das werden wir tun", sagten die Jünger. „Ich muss jetzt weggehen, aber seid nicht traurig, ich werde im Geist immer bei euch sein, wo auch immer ihr seid", versprach Jesus. „Und ich werde für euch im Himmel ein wunderschönes Zuhause einrichten."

Nachdem sie sich alle umarmt und verabschiedet hatten, passierte etwas ganz Erstaunliches. Jesus fuhr in den Himmel auf, höher und höher, bis er schließlich über den Wolken verschwand. Verwundert starrten die Jünger in den Himmel bis zwei Engel erschienen. „Warum schaut ihr immer noch nach oben? Jesus wird eines Tages wiederkommen." Die Jünger wurden mit neuer Hoffnung erfüllt. Sie freuten sich auf alles, das Jesus versprochen hatte.

Jesus ist bei mir
auch wenn ich ihn nicht sehen kann.
Das macht mich fröhlich
und ich bin voll Hoffnung dann.

Voller Hoffnung sein

Im täglichen Leben

Ich hoffe auf Gott

Ich träume von unserem nächsten Abenteuerurlaub in einem fernen Land!

Ich kann auf Gott hoffen und ihm vertrauen, noch mehr als ich auf das nächste Abenteuer hoffe.

Wie geht das? Indem ich mich an Gottes Zusagen und Versprechen erinnere und darauf vertraue, dass er mich niemals enttäuschen wird.

Ihr werdet den Heiligen Geist empfangen und durch seine Kraft meine Zeugen sein auf der ganzen Erde.

(Apg 1,8)

DER HEILIGE GEIST

Feuerflammen

(Apostelgeschichte 2,1-4)

Der ganzen Welt von Jesus zu erzählen, war eine riesige Aufgabe für die Jünger. Wie sollten sie das überhaupt tun? Schließlich gab es noch kein Telefon oder Internet, kein Fernsehen oder Radio. Jesus wusste das und versprach ihnen ein besonderes Geschenk, damit sie ihre Aufgabe noch viel besser als mit all diesen Dingen erfüllen könnten.

Ein Wind blies durch den Raum und dann ließen sich Feuerflammen auf jeden Kopf nieder, so wie Kerzen auf einem Kuchen. „Ein warmer Strahl erfüllte mein Herz und jetzt fließe ich über vor Freude!", sagten die Jünger. „Das ist Gottes Heiliger Geist, der nun in uns lebt. Ich bin ganz begeistert!"

Sie öffneten schnell die Türen und liefen nach draußen, um allen die gute Nachricht von Jesus dem Retter zu erzählen. Da waren Menschen aus vielen verschiedenen Ländern, aber auf wunderbare Weise hörten sie die Jünger jeweils in ihrer eigenen Sprache reden. An dem Tag fanden viele Menschen zum Glauben und gehörten nun zu Gottes glücklicher Familie.

Der Heilige Geist

Gott schenkt uns den Heiligen Geist,
um uns zu leiten und zu führen.
Er gibt mir Mut jeden Tag,
das kann ich deutlich spüren.

Im täglichen Leben

Was sage ich nur?

Ich möchte meinem Freund von Jesus erzählen, aber ich weiß nicht, was ich sagen soll.

Ah, ich erinnere mich. Dafür gibt es den Heiligen Geist.

Lieber Jesus, bitte schenke mir deinen Heiligen Geist, damit ich mutig von dir reden kann.

Jetzt habe ich den Mut, von Jesus zu erzählen.

Geht hinaus in die ganze Welt und verkündet allen Menschen die rettende Botschaft.

(Markus 16,15)

VON JESUS ERZÄHLEN

Die Gute Nachricht

(Apostelgeschichte 18,1-11)

„Lasst euer Licht für andere scheinen!", wies Jesus die Jünger an. Licht verändert die Dinge und auch ein kleines Licht macht einen dunklen Ort hell. Jesus wollte, dass seine Nachfolger dabei helfen, nur gute Dinge zu tun. Sie erinnerten sich, wie Jesus sagte: „Man versteckt kein Licht unter einer Bank, sondern lässt es auf einem Leuchter erstrahlen. Ich möchte, dass jeder mich finden kann."

Also wie machten die Jünger das? Sie gingen zu allen Menschen in jedes Haus und erzählten die gute Nachricht der Errettung allen Menschen auf der ganzen Welt. Das war ihre größte Mission, die sie nie vergessen würden. Mit Gottes Kraft reisten sie überall hin und bezeugten allen die Liebe von Jesus. Menschen, die an Jesus glauben, heißen „Christen". Das Wort kommt von „Christus". Christen folgen Jesus Christus nach und erzählen anderen von ihm.

Von Jesus erzählen

Ich teile Gottes Botschaft anderen mit und erzähle, warum die Gute Nachricht uns glücklich macht.

Im täglichen Leben

Das reflektierende Licht

Schau mal, was passiert, wenn ich mit meiner Taschenlampe auf einen Spiegel leuchte.

Das Licht reflektiert vom Spiegel und strahlt andere Dinge an.

Durch das, was ich bin, sage und tue, kann ich auch so ein Spiegel sein, von dem Gottes Liebe auf andere reflektiert. Fällt dir etwas ein, wie du die gute Nachricht anderen Menschen mitteilen kannst?

Du zeigst mir den Weg,
der zum Leben führt.
Du beschenkst mich mit Freude,
denn du bist bei mir.

(Psalm 16,11)

HIMMEL

Der kommende Himmel

(Offenbarung 21-22)

Eines Tages zeigte Jesus seinem Jünger Johannes etwas ganz Besonderes. „Ich zeige dir eine kleine Vorschau von einem wunderbaren Ort, den ich für dich vorbereite und für alle, die mir nachfolgen", sagte Jesus. Er sprach natürlich vom Himmel.

Johannes schrieb: „Ich sah einen Thron, auf dem Jesus saß und überall sangen, tanzten und jubelten die Menschen um ihn herum. Ich sah eine leuchtende Stadt mit Straßen aus Gold und Mauern aus kostbaren Edelsteinen. Alles war viel besser als auf der Erde. Und das Beste ist, dass Gott und alle seine Kinder wieder zusammen waren."

Aber im Himmel gibt es nicht alles. Es gibt dort keine Krankenhäuser und keine Feuerwehr, denn es wird nie wieder Krankheit oder Gefahr geben. Alles Traurige und Schlechte wird für immer vergangen sein.

Der Himmel

Willkommen im Zuhause
unseres himmlischen Vaters.
Alle dürfen kommen:
Mama, Papa, Schwester,
Bruder und Freunde.

Im täglichen Leben

Märchen oder Wirklichkeit?

Schau mal das tolle Märchenschloss an! Stell dir vor, wir lebten in so einem Schloss!

Aber Gott bereitet ein noch schöneres Schloss für uns im Himmel vor.

Das ist wahr. Ich habe davon in meiner Bibel gelesen und Gott hält seine Versprechen immer.

Also vergesse ich das Spielschloss aus Plastik und freue mich auf das echte Schloss im Himmel.

Gott hat in diesen Geschichten aus der Bibel ganz fantastische Dinge getan für alle Menschen, die ihn liebten.

Und er möchte auch ein Teil von deinem Leben sein. Hast du Jesus lieb? Dann kannst du ihm das jetzt mit diesem kleinen Gebet sagen.

Lieber Jesus,

Du bist groß und mächtig.

Du liebst mich so sehr und hast alle meine Sünden und falschen Entscheidungen ausgelöscht.

Es tut mir leid, dass ich Böses getan habe. Danke, dass du meine Strafe am Kreuz auf dich genommen hast, damit ich erlöst bin. Bitte sei bei mir und wohne in mir, während ich noch mehr von dir lerne.

Ich werde dich von ganzem Herzen lieben, bis ich dich in deinem wunderbaren Zuhause im Himmel sehe.

In Liebe,

(unterschreibe hier mit deinem Namen)

Herausgegeben von iCharacter Limited. (Irland)
www.iCharacter.org
Von Agnes und Salem de Bezenac
Illustriert von Agnes de Bezenac
Koloriert von Noviyanti W., Hanny A., Gabriela C. und Henny Y.
Übersetzt von Ricarda Colditz
Copyright 2016. Alle Rechte vorbehalten.
ISBN 978-1-63474-022-7

Die Bibelverse stammen aus den folgenden Übersetzungen und wurden teilweise adaptiert:
Lutherbibel, revidierter Text 1984, durchgesehene Ausgabe, © 1999 Deutsche Bibelgesellschaft, Stuttgart.
Hoffnung für alle © 1983, 1996, 2002 von Biblica Inc.TM
Gute Nachricht Bibel, revidierte Fassung, durchgesehene Ausgabe, © 2000 Deutsche Bibelgesellschaft, Stuttgart.

Copyright © 2016 von iCharacter Limited. Alle Rechte vorbehalten; kein Teil dieses Buchs darf in irgendeiner Form ohne vorherige schriftliche Genehmigung des Herausgebers oder des Autors reproduziert oder unter Verwendung elektronischer Systeme verarbeitet, vervielfältigt oder verbreitet werden. Nur für Rezensionen dürfen kurze Ausschnitte in entsprechenden kritischen Berichten verwendet werden.

www.ingramcontent.com/pod-product-compliance
Lightning Source LLC
LaVergne TN
LVHW072011060526
838200LV00010B/328